Ein Sommer bei Elisa

Zauberhafte Kreuzstichmuster

von acufactum

Liebe acufactum-Freundinnen und -Freunde!

Ich freue mich sehr, Ihnen ein weiteres Buch von Elisa präsentieren zu dürfen. Sie haben durch Ihre Begeisterung den Anstoß für ein zweites Buch gegeben. Vielen Dank Ihnen allen.
Sehen Sie selbst, wie es mit Elisa weitergeht.

Herzlich bedanken möchte ich mich auch bei all denen, die unsere Ideen sichtbar haben werden lassen. Ohne die vielen fleißigen Hände könnte ich Ihnen hier nicht so zahlreiche neue Stickereien und Dekorationen vorstellen. Lassen Sie sich nun mitnehmen in Elisas Garten, erfreuen Sie sich an ihren Anregungen, und gönnen Sie sich ein wenig Ruhe und Besinnung in der Hektik unserer Zeit.

Möge Gottes Segen mit Ihnen sein.
Ihre
Ute Menze

Impressum:
1. Auflage 2003 • Herausgeberin: Ute Menze • acufactum - Ute Menze - Buchenstraße 11 - 58640 Iserlohn-Hennen
Tel.: 0 23 04/53 49 • Fax: 0 23 04/54 53 • E-mail: ute.menze@acufactum.de • www.acufactum.de
Gestaltung, Satz: acufactum, Iserlohn • Fotografie: Ariane Gehlert, Düsseldorf • Textvorlagen: Marga Malz und Judith Menze
Druck: WIGRA Offsetdruck GmbH, Iserlohn
© acufactum, Iserlohn • Nachdruck, auch auszugsweise, ist nicht gestattet. Alle Rechte vorbehalten. Änderungen jeglicher Art, Druckfehler und Irrtümer bleiben vorbehalten. Abweichende Farben sind drucktechnisch bedingt.

Ein Sommer bei Elisa

Endlich hat nach langen Regentagen der Sommer Einzug gehalten. Die Luft ist erfüllt von Blumenduft und umherschwirrenden Insekten. Ich freue mich auf einen Besuch bei Elisa und bin gespannt auf den Zauber ihres Gartens. Ich kann schon ihr Haus sehen, wie es dort steht, warm von der Sonne beschienen. Die Stockrosen stehen in voller Blüte, und die Klematis wächst in ganzer Pracht.

Zwischen Buchsbaumtöpfen und Vergissmeinnicht hat Elisa eine Gartenbank aufgestellt. Ich freue mich schon, mit ihr dort zu sitzen und die gemeinsame Zeit zu genießen.

Kaum hat sie mich erblickt, lacht sie mir freudig zu und winkt mich zu sich herüber. Sie steht an ihrem Pflanztisch und bindet frische Blütenkränze.

Das scheint wieder ein ideenreicher Tag zu werden ...
Wie schön, dass es Elisa gibt!

Willkommen

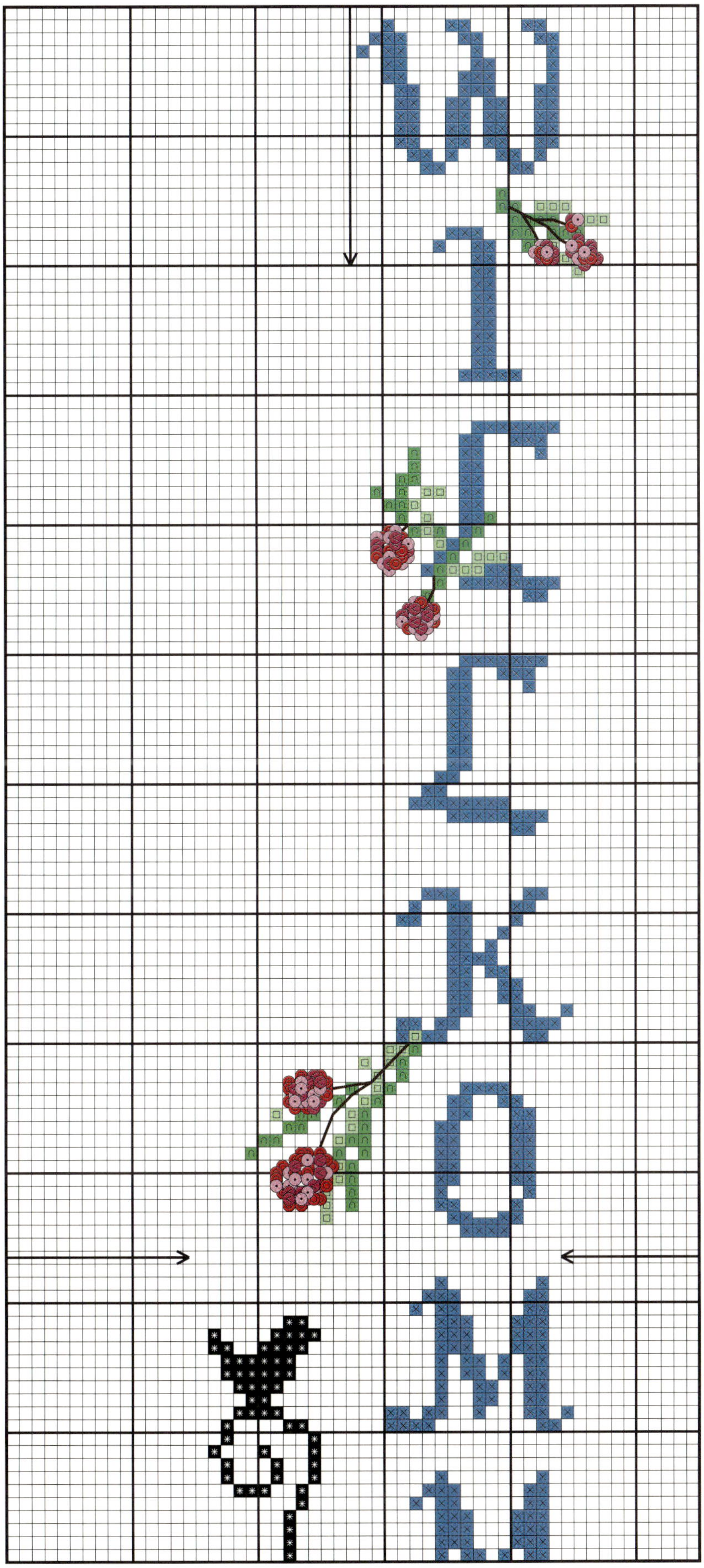

Willkommen

Gestickt wird mit V+H Blumengarn / Anchor Sticktwist
Stitched with V + H flowerthread / 6 stranded Anchor cotton
Größe / size ca. 52 x 190 Kreuze / cross stitches

- ● 3114/43
- ● 1821/97
- ⁿ 3963/210
- ✕ 1485/142
- ● 2048/1028
- N 3001/244
- ◇ 3962/868
- ■ 3412/351
- ▫ 3952/242
- ― 3612/358
- ‡ 3961/1013
- ✱ 3741/401

Die Knötchen in den Brombeeren werden im Wechsel in den Tönen 3114, 1821 und 2048 gestickt.

Knots in the blackberries mixed of 3114, 1821 and 2048.

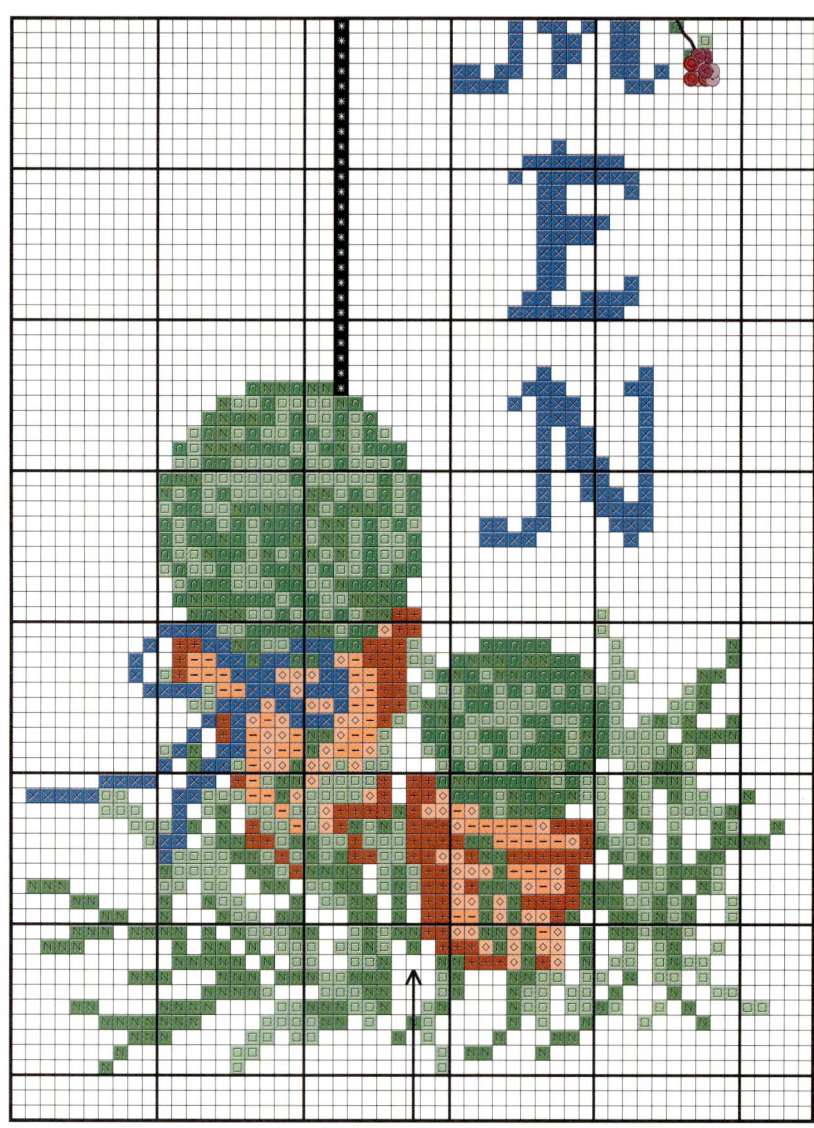

Willkommen

Material Behang:
Größe der Stickerei: ca. 33,5 x 10 cm
Fertigmaß: ca. 112,5 x 21,5 cm
- 0,90 m Leinenband gebleicht, 20 cm breit, von Vaupel + Heilenbeck Best.-Nr. 900/200
- 0,30 m Kelsch - Halbleinen, blau kariert, Best.-Nr. 329-112
Dekoration Best.-Nr. 14072-1 (inklusive Schmuckherzbügel)
Schmuckherzbügel Best.-Nr. 6606 (ohne Dekoration, 36 cm breit)

Materials band:
Size of embroidery: appr. 33,5 x 10 cm
Size of the finished band: appr. 112,5 x 21,5 cm
- 0,90 m linen band, bleached, 20 cm broad, order-no 900/200
- 0,30 m blue chequered Kelsch Half-Linen, order-no 329-112
Decoration order-no 14072-1 (with hearthanger)
Hearthanger order-no 6606 (without decoration, 36 cm broad)

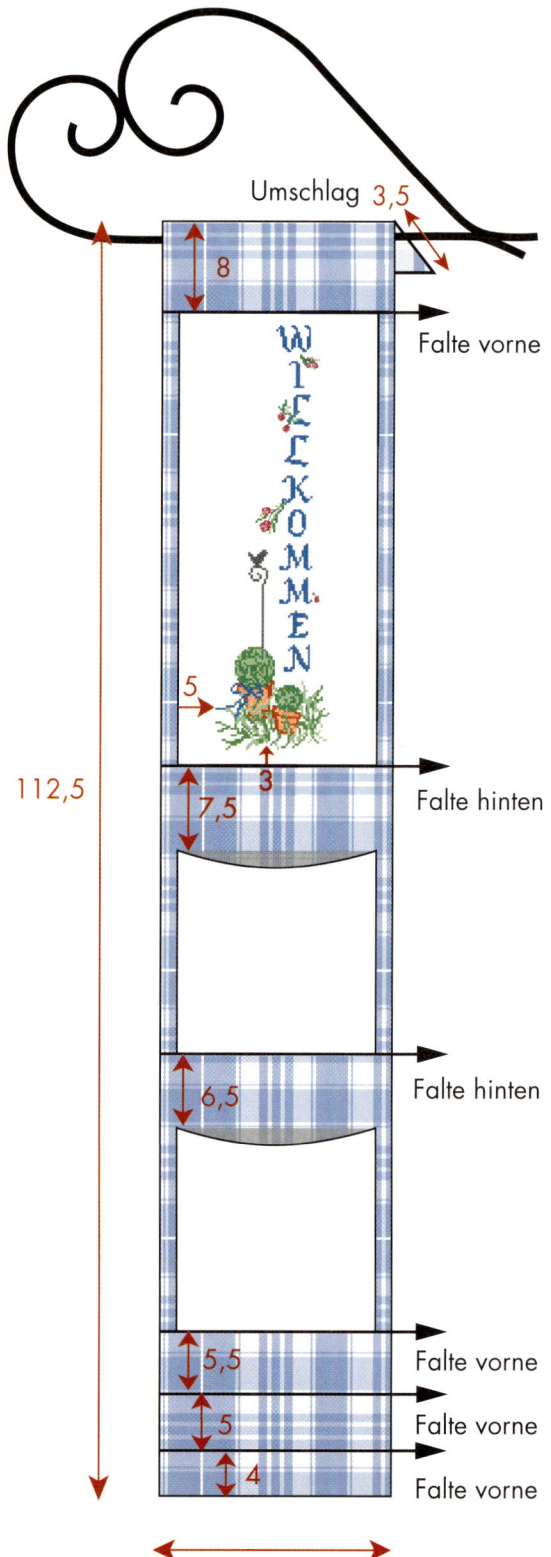

Sommer ABC

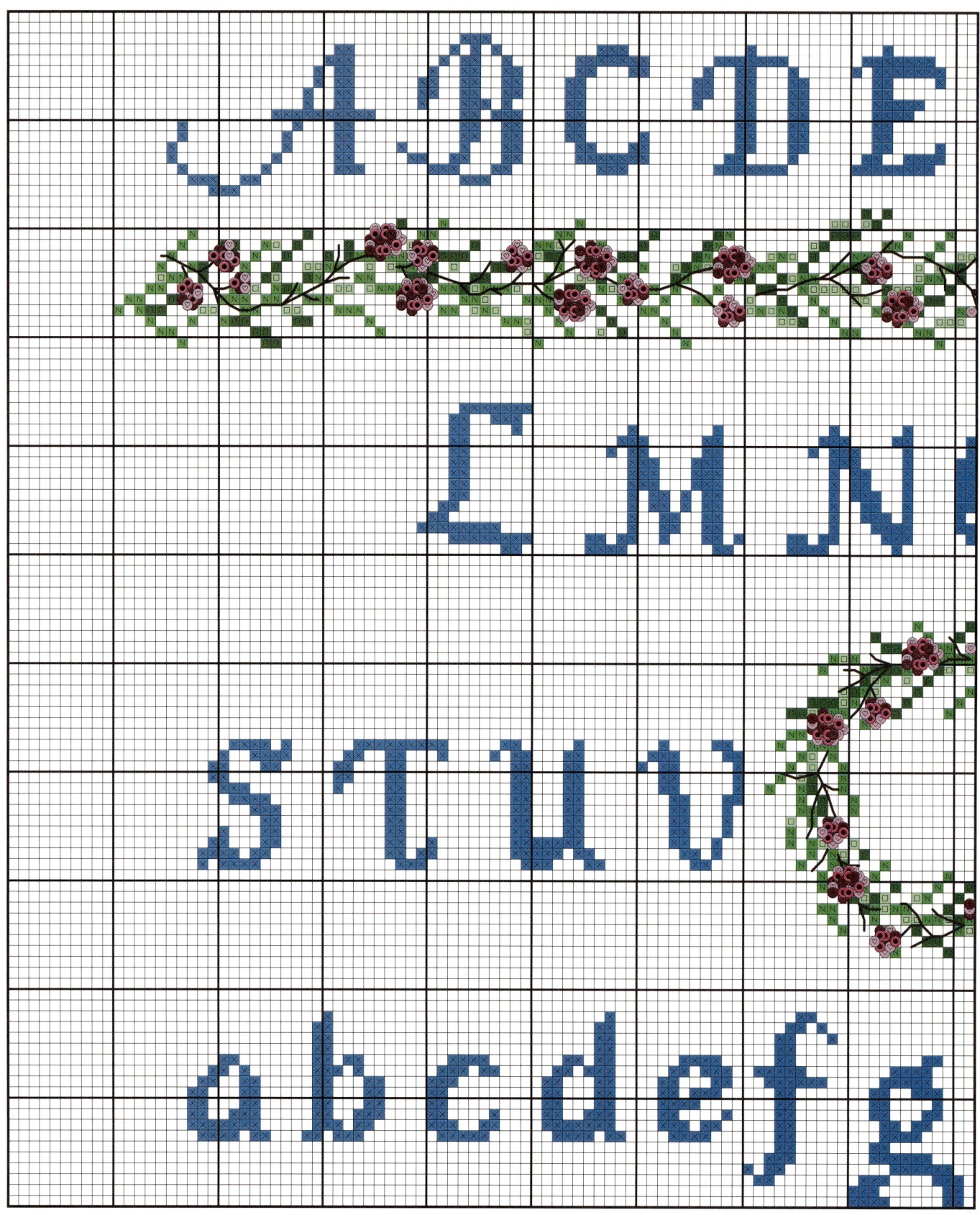

Sommer ABC

Gestickt wird mit V+H Blumengarn / Anchor Sticktwist. Stitched with V + H flowerthread / 6 stranded Anchor cotton. Größe / size ca. 184 x 217 Kreuze / cross stitches

2089/65	2400/19	1105/46	3962/868	1022/144 2x	1485/142
2x 3001/244	3952/242	3963/210	3961/1013	2084/305	3122/147
3114/43	2048/1028	1821/97	3412/351	3612/358	

Die Knötchen in den Brombeeren werden im Wechsel in den Tönen 3114, 1821 und 2048 gestickt.
Knots in the blackberries mixed of 3114, 1821 and 2048.

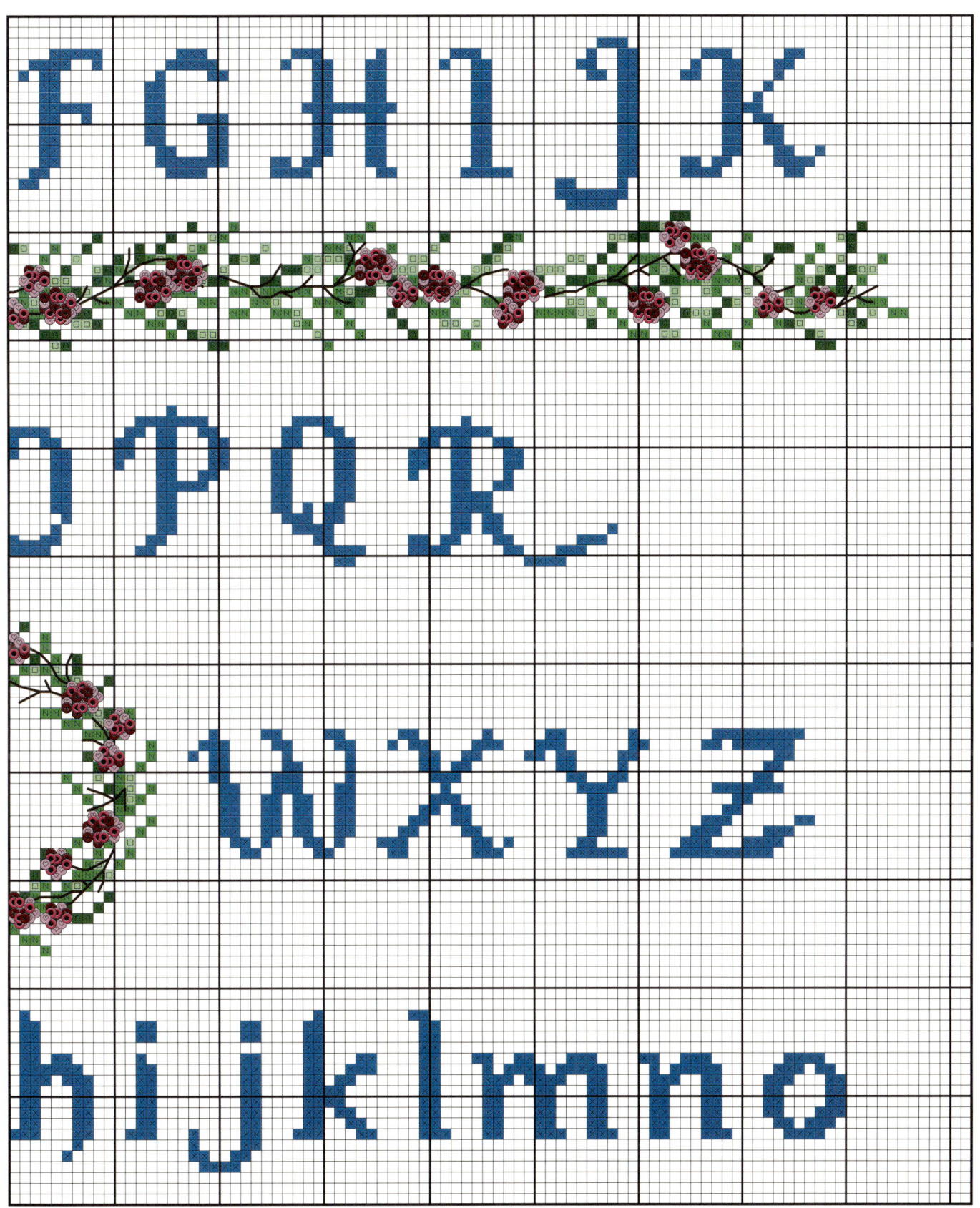

Sommer ABC

Material:
Größe der Stickerei: ca. 32 x 37 cm
Gerahmte Größe: ca. 42 x 48 cm
- 0,40 x 0,50 m 11,7-fädiges, gebleichtes Leinen von Weddigen, Best.-Nr. 113 W
Rahmen Best.-Nr. 9202-2

Materials:
Size of the embroidery: appr. 32 x 37 cm
Size with frame: appr. 42 x 48 cm
- 0,40 x 0,50 m 11,7 count bleached linen from Weddigen, order-no 113 W
Frame order-no 9202-2

pqrstu

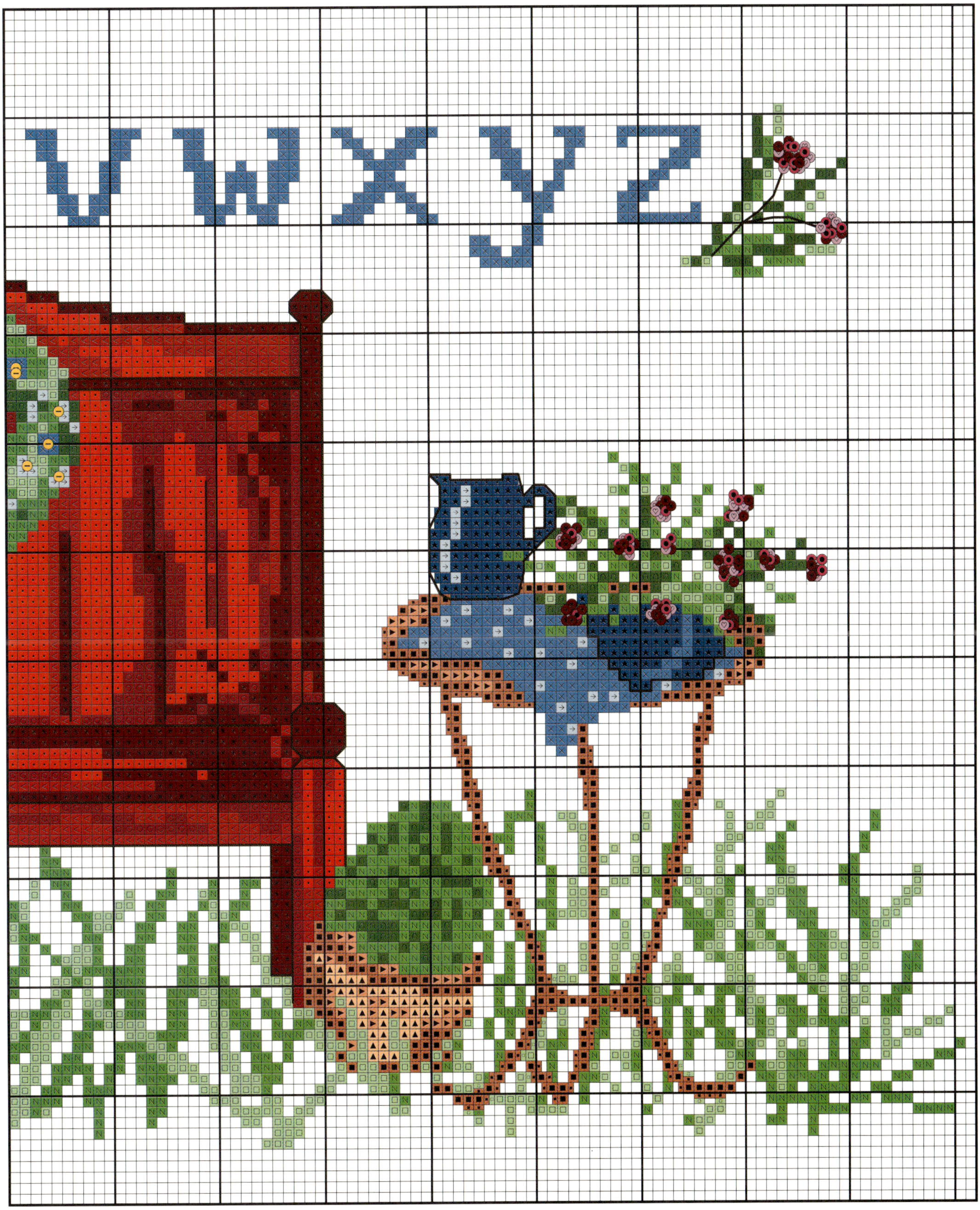

Ein Sommer bei Elisa

Zwischen Rosen, Cosmeen und rankenden Wicken hat Elisa sich ein lauschiges Plätzchen geschaffen. Hier steht sie und zeigt mir einen fertigen Sommerkranz. Sie hat Brombeeren gepflückt und mit eingebunden. Ich probiere eine von ihnen und genieße den vollen, fruchtigen Geschmack.

Elisa geht mit dem Kranz zum Hauseingang und hängt ihn dort an die Tür. Sehr einladend, wie ich finde. „Komm" sagt sie. „Gehen wir in die Küche! Ich mache uns einen Tee, und dann setzen wir uns auf die Gartenbank." Ja, das sind die Stunden, die ich brauche, um vom Alltag Abstand zu gewinnen, und ich bin froh, dass ich das hier bei Elisa kann.

Sommerkränzchen

Kissen

Bild

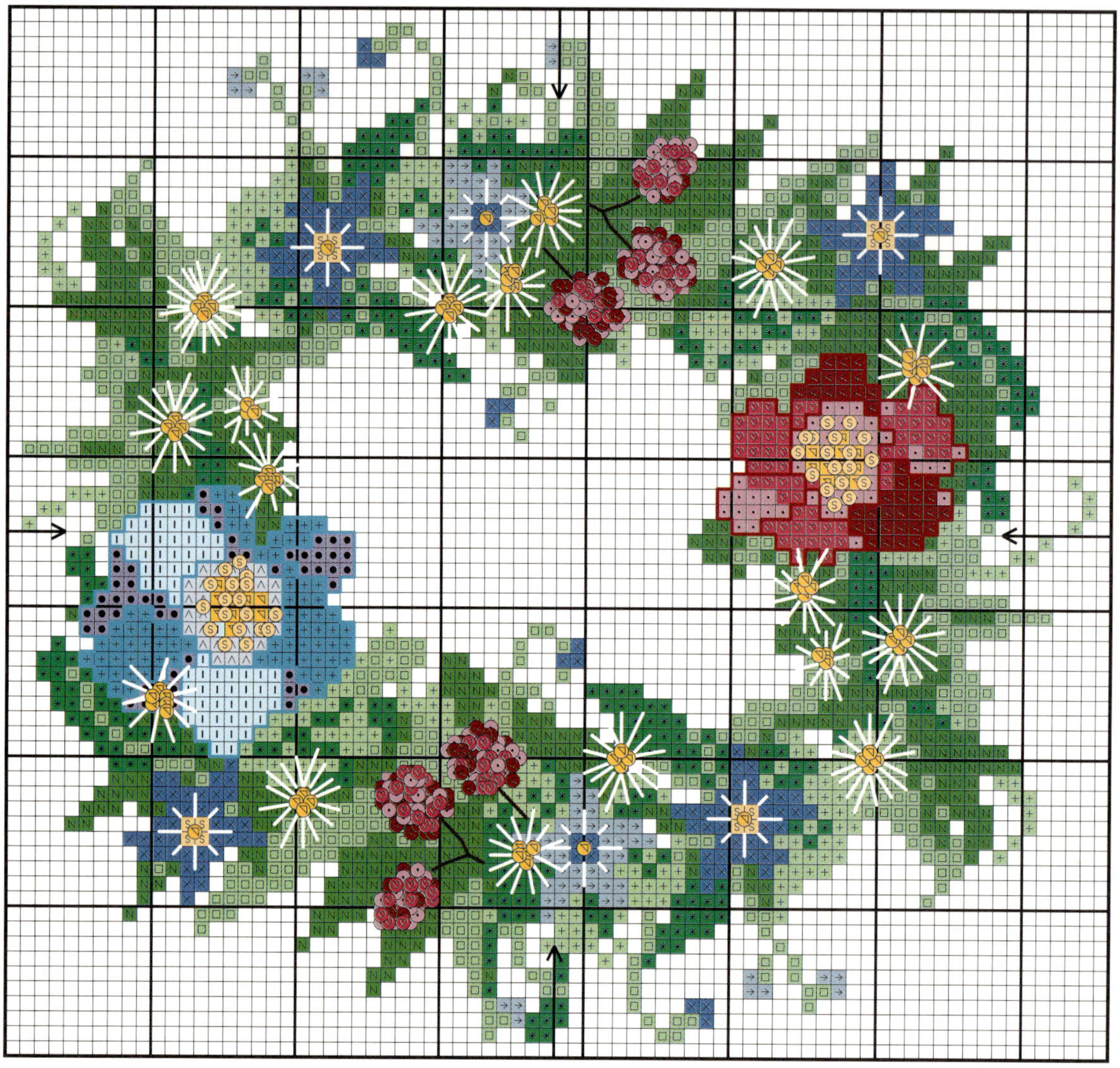

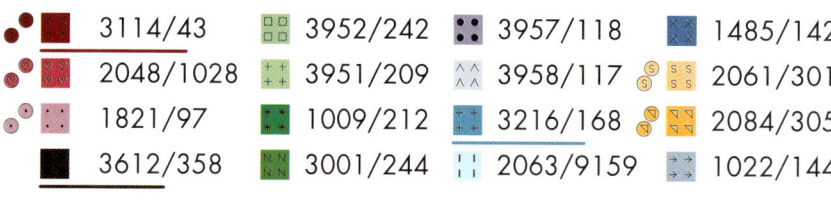

Sommerkränzchen

Gestickt wird mit V+H Blumengarn / Anchor Sticktwist
Stitched with V + H flowerthread / 6 stranded Anchor cotton
Größe / size ca. 74 x 68 Kreuze / cross stitches

●	3114/43	▫	3952/242	⁝	3957/118	⊠	1485/142
●	2048/1028	+	3951/209	^	3958/117	S	2061/301
●	1821/97	•	1009/212	+	3216/168	S	2084/305
■	3612/358	N	3001/244	∥	2063/9159	→	1022/144
³ ³	3006/2						

Die Knötchen in den Brombeeren werden im Wechsel in den Tönen 3114, 1821 und 2048 gestickt.

Knots in the blackberries mixed of 3114, 1821 and 2048.

※ Das Gänseblümchen schön dicht steppen.
Use very dense backstitches for the daisies.

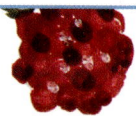

Sommerkränzchen

Stickkasten

Kissen

Stickkasten

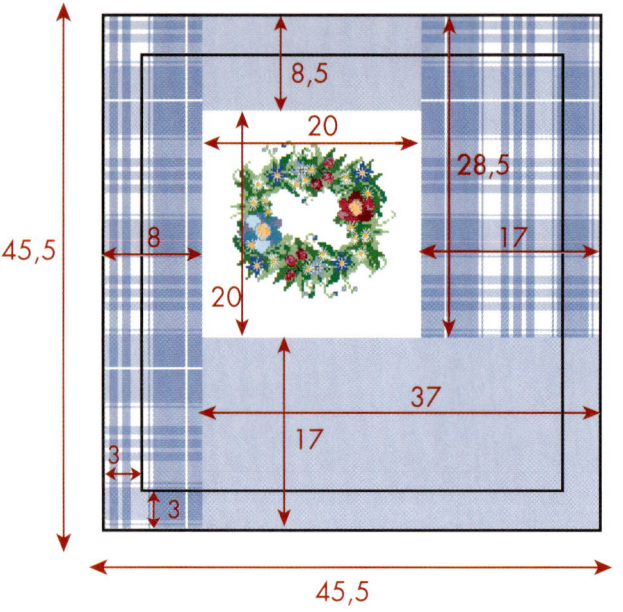
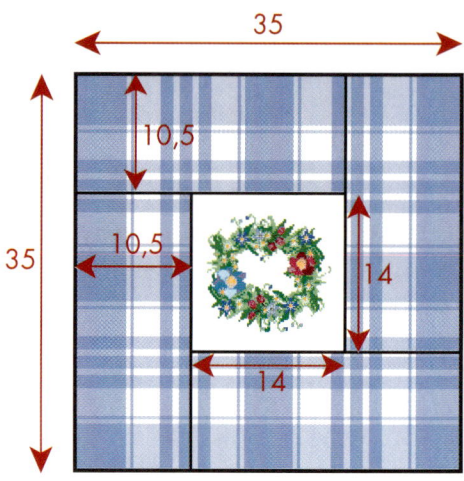

Sommerkränzchen

Material Bild:
Größe der Stickerei: ca. 13 x 12 cm
Gerahmte Größe: ca. 32 x 33 cm
- 0,30 x 0,30 m 11,7-fädiges, gebleichtes Leinen von Weddigen, Best.-Nr. 113 W
Rahmen, Best.-Nr. 9203-1

Material Kissen:
Größe der Stickerei: ca. 13 x 12 cm
Fertigmaß: ca. 45,5 x 45,5 cm
- 0,25 x 0,25 m 11,7-fädiges, gebleichtes Leinen von Weddigen, Best.-Nr. 113 W
- 0,50 m Kelsch- Halbleinen, blau- kariert, Best.-Nr. 329-112
- 0,20 m 11,7-fädiges, blaues Leinen von Weddigen, Best.-Nr. 113 B

Material Stickkasten:
Größe der Stickerei: ca. 13 x 12 cm
Fertigmaß: ca. 35 x 35 cm
- 0,20 x 0,20 m 11,7-fädiges, gebleichtes Leinen von Weddigen, Best.-Nr. 113 W
- 0,15 m Kelsch- Halbleinen, blau- kariert, Best.-Nr. 329-112
Stickkasten, Echtholz, Best.-Nr. 627-102
Größe: B33/T29,5/H18,5 cm

Materials picture:
Size of the embroidery: appr. 13 x 12 cm
Size with frame: appr. 32 x 33 cm
- 0,30 x 0,30 m 11,7 count bleached linen from Weddigen, order-no 113 W
Frame order-no 9203-1

Materials cushion:
Size of the embroidery: appr. 13 x 12 cm
The cushion´s size is 45,5 x 45,5 cm. The backside is made of blue chequered Kelsch.
- 0,25 x 0,25 m 11,7 count bleached linen from Weddigen, order-no 113 W
- 0,50 m blue chequered Kelsch Half-Linen, order-no 329-112
- 0,20 m 11,7 count blue linen from Weddigen, order-no 113 B

Materials stitchcase:
Size of the embroidery: appr. 13 x 12 cm
- 0,20 x 0,20 m 11,7 count bleached linen from Weddigen, order-no 113 W
- 0,15 m blue chequered Kelsch Half-Linen, order-no 329-112
Size: 33/29,5/18,5 cm

Sommerliebe

Behang

Achtung! Hier ist das Muster gedreht.
Attention! The grid is turned.

Sommerliebe

Gestickt wird mit V+H Blumengarn / Anchor Sticktwist
Stitched with V + H flowerthread / 6 stranded Anchor cotton
Größe / size ca. 160 x 160 Kreuze / cross stitches

■	1600/359	▦	3955/38	N N	3950/211
■	2089/65	+ +	2007/48	= =	3951/209
▦	3954/42	▪	3832/244	● ●	1009/212

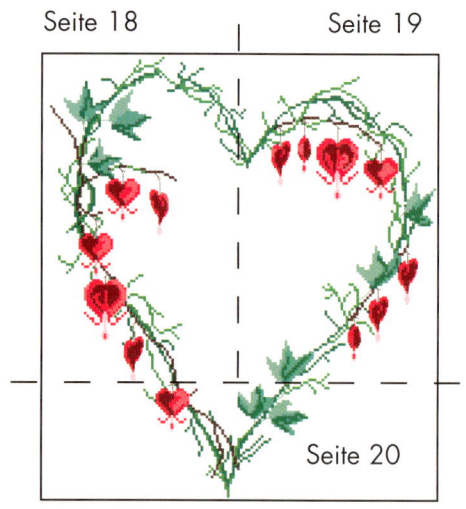

Seite 18   Seite 19

Seite 20

Sommerliebe

Material Behang:
Größe der Stickerei: ca. 30 x 28 cm
Fertigmaß: ca. 81 x 34 cm
- 1,00 m Leinenband gebleicht, 34 cm breit von Vaupel + Heilenbeck, Best.-Nr. 900/340
Dekoration Best.-Nr. 14072-2 (inkl. Schmuckherzbügel)
Schmuckherzbügel Best.-Nr. 6605 (ohne Dekoration, 53 cm breit)

Materials band:
Size of the embroidery: appr. 30 x 28 cm
Size of the finished, decorated band: appr. 81 x 34 cm
- 1,10 m linen band, bleached, 34 cm broad order-no 900/340
Decoration order-no 14072-2 (with hearthanger)
Hearthanger order-no 6605 (without decoration, 53 cm broad)

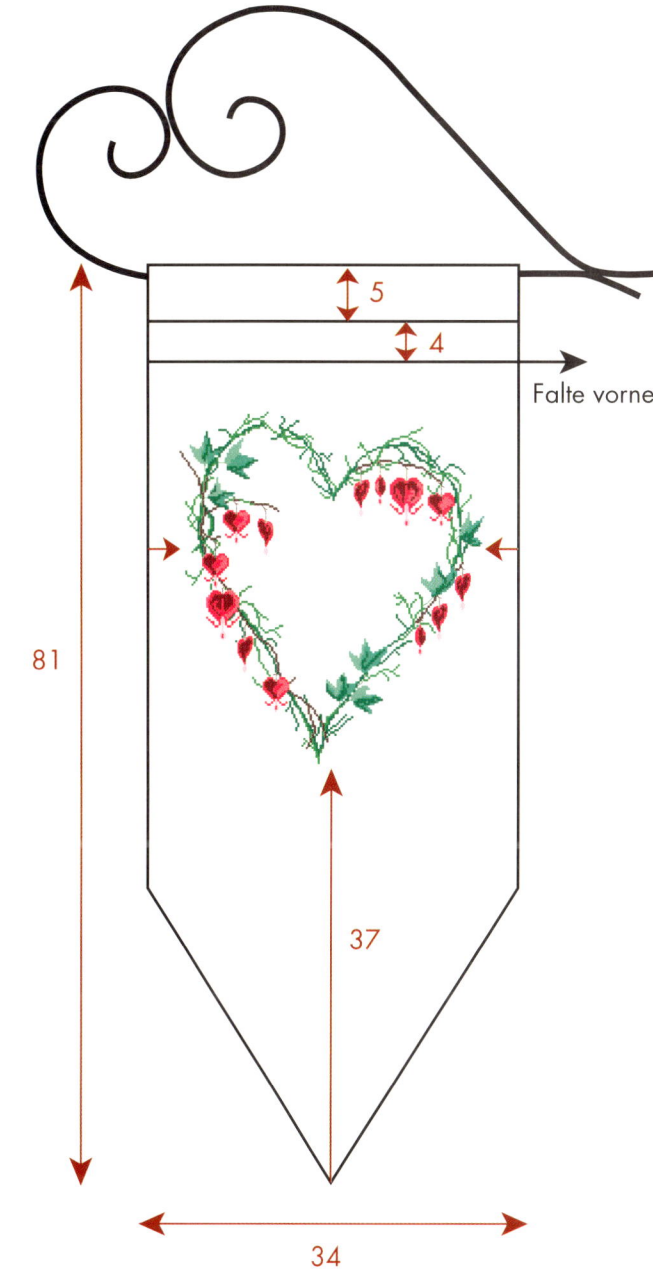

Sommerliebe

Material Läufer:
Größe der Stickerei: ca. 64 x 8 cm
Fertigmaß: ca. 125 x 20 cm
- 1,60 m Leinenband gebleicht, 20 cm breit von Vaupel + Heilenbeck Best.-Nr. 900/200

Material Unterläufer:
Fertigmaß: ca. 35 x 130 cm
- 0,45 m 11,7-fädiges, hellgrünes Leinen von Weddigen, Best.-Nr. 113 G

Materials table rug:
Size of the embroidery: appr. 64 x 8 cm
Size of the finished band: appr. 125 x 20 cm
- 1,60 m linen band, bleached, 20 cm broad order-no 900/200

Materials tablecloth for underneath:
Size: 35 x 130 cm
- 0,45 m 11,7 count linen, light-green from Weddigen, oder-no 113 G

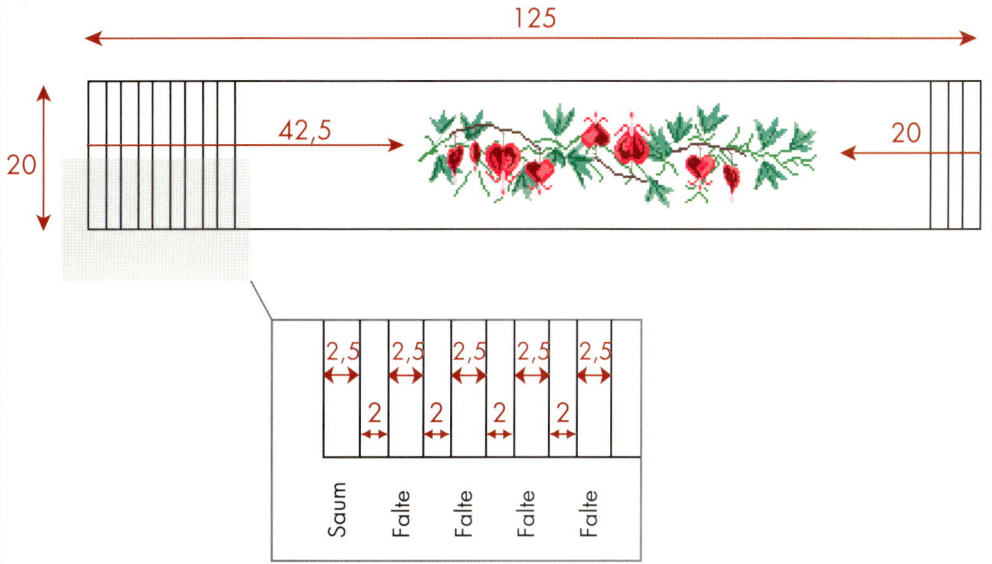

Sommerliebe im Reigen

Gestickt wird mit V+H Blumengarn / Anchor Sticktwist
Stitched with V + H flowerthread / 6 stranded Anchor cotton
Größe / size ca. 360 x 45 Kreuze / cross stitches

■	1600/359	▦	3955/38	N	3950/211
■	2089/65	+	2007/48	–	3951/209
U	3954/42	■	3832/244	■	1009/212

Sommerliebe

Läufer

Ein Sommer bei Elisa

Während wir durch den Garten schlendern, erzählt Elisa:

„Ich liebe besonders die sommerlichen Abendstunden.

Für mich sind Sie eine Zeit der Ruhe und Entspannung.

Ein kleiner Spaziergang führt mich meist zu der Gartenbank – meinem Lieblingsplatz. Umgeben von bunten Blumen und dichten Sträuchern, kann ich hier zur Ruhe kommen.

Ich genieße dann

die friedliche Stimmung dieses

Ortes und schaue in den Himmel.

Oft folgen meine Gedanken den

dahinziehenden Wolken.

Ich kann den Alltag loslassen,

träumen…, bis der Duft der

Blumen und das Summen der

Bienen mich zurück ins Jetzt holen."

Blaue Stunde

Kissen

Bild

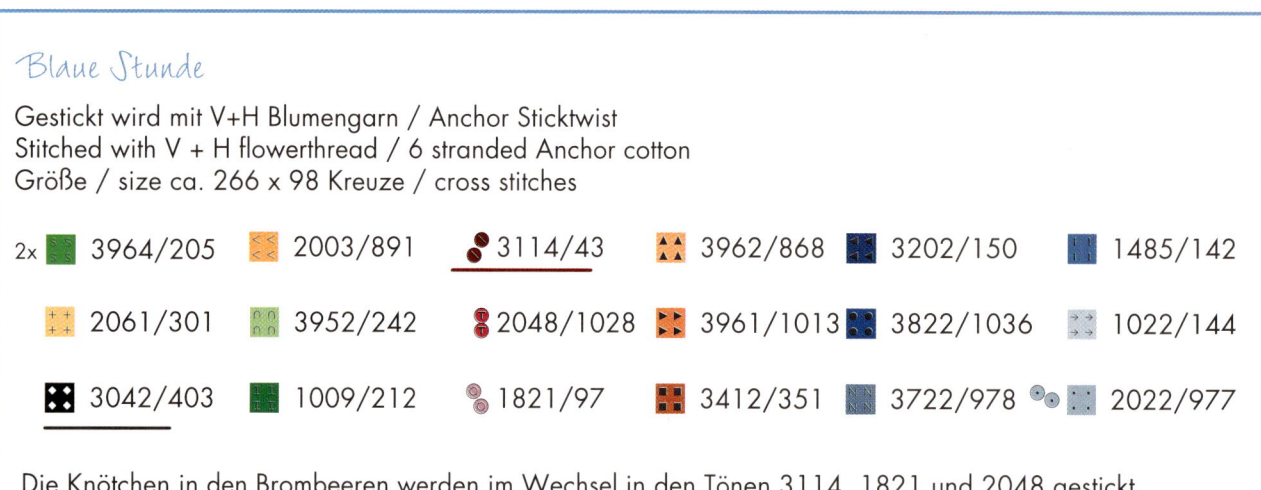

Blaue Stunde

Gestickt wird mit V+H Blumengarn / Anchor Sticktwist
Stitched with V + H flowerthread / 6 stranded Anchor cotton
Größe / size ca. 266 x 98 Kreuze / cross stitches

2x ■ 3964/205	■ 2003/891	● 3114/43	▲ 3962/868	■ 3202/150	■ 1485/142
+ 2061/301	■ 3952/242	▼ 2048/1028	▶ 3961/1013	■ 3822/1036	→ 1022/144
■ 3042/403	■ 1009/212	● 1821/97	■ 3412/351	■ 3722/978	∴ 2022/977

Die Knötchen in den Brombeeren werden im Wechsel in den Tönen 3114, 1821 und 2048 gestickt.
Knots in the blackberries mixed of 3114, 1821 and 2048.

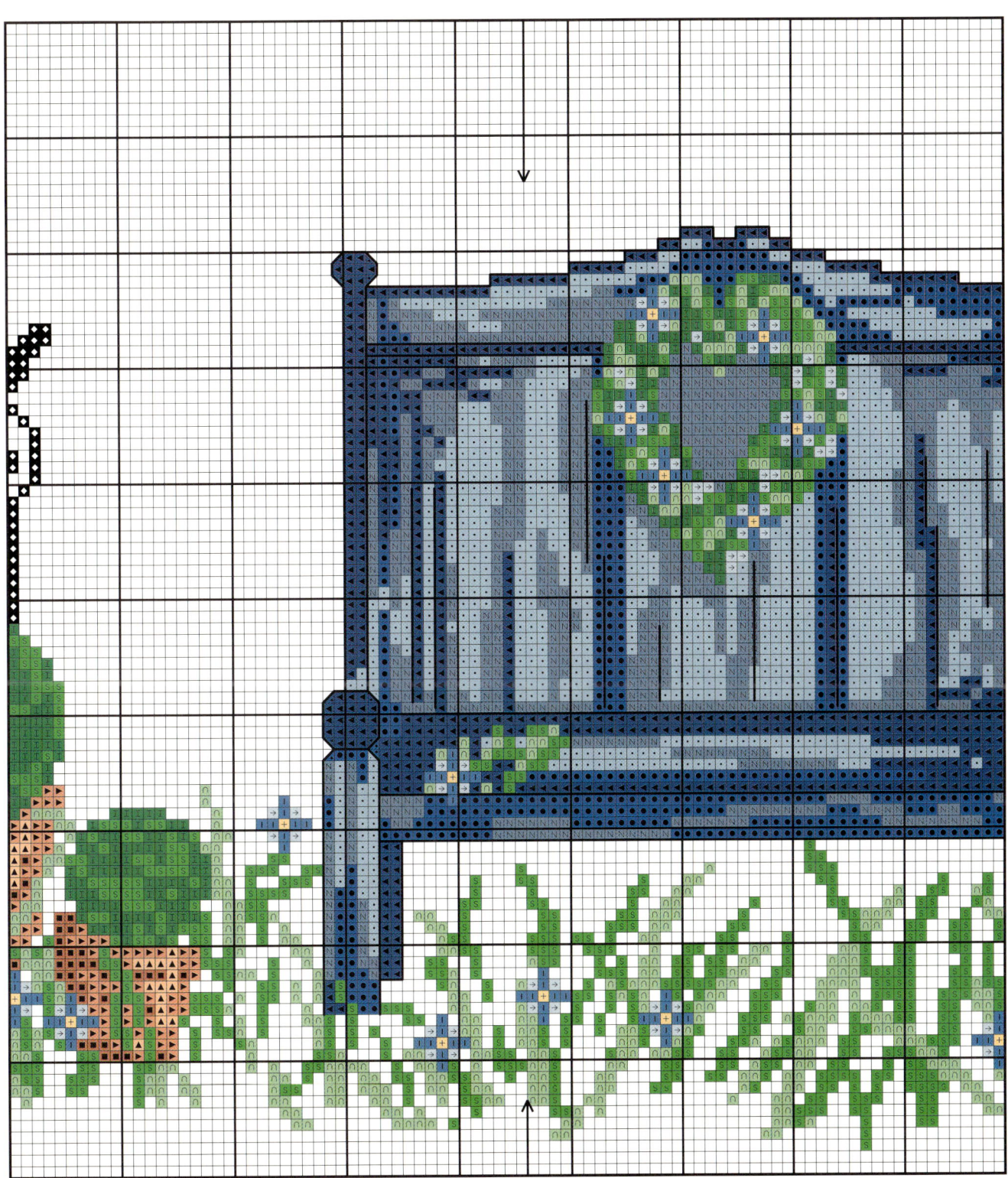

Blaue Stunde

Material Bild:

Größe der Stickerei: ca. 17 x 46 cm
Gerahmte Größe: ca. 31,5 x 56 cm
- 0,45 x 0,70 m 11,7-fädiges, gebleichtes Leinen von Weddigen, Best.-Nr. 113 W
Rahmen, Best.-Nr. 9202-1

Material Kissen:

Größe der Stickerei: ca. 17 x 46 cm
Fertigmaß: ca. 40 x 65 cm
- 0,35 x 0,60 m 11,7-fädiges, gebleichtes Leinen von Weddigen, Best.-Nr. 113 W
- 0,50 m Kelsch-Halbleinen, blau-kariert, Best.-Nr. 329-112

Materials picture:

Size of the embroidery: appr. 17 x 46 cm
Size with frame: appr. 31,5 x 56 cm
- 0,45 x 0,70 m 11,7 count bleached linen from Weddigen, order-no 113 W
Frame order-no 9202-1

Material Cushion:

Size of the embroidery: appr. 17 x 46 cm
The cushion´s size is 40 x 65 cm. The back side is made of blue chequered Kelsch.
- 0,35 x 0,60 m 11,7 count bleached linen from Weddigen, order-no 113 W
- 0,50 m blue chequered Kelsch Half-Linen, order-no 329-112

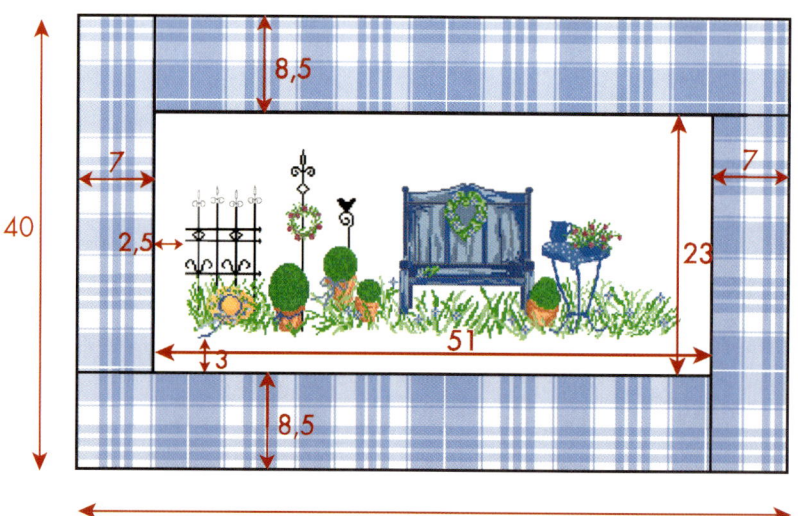

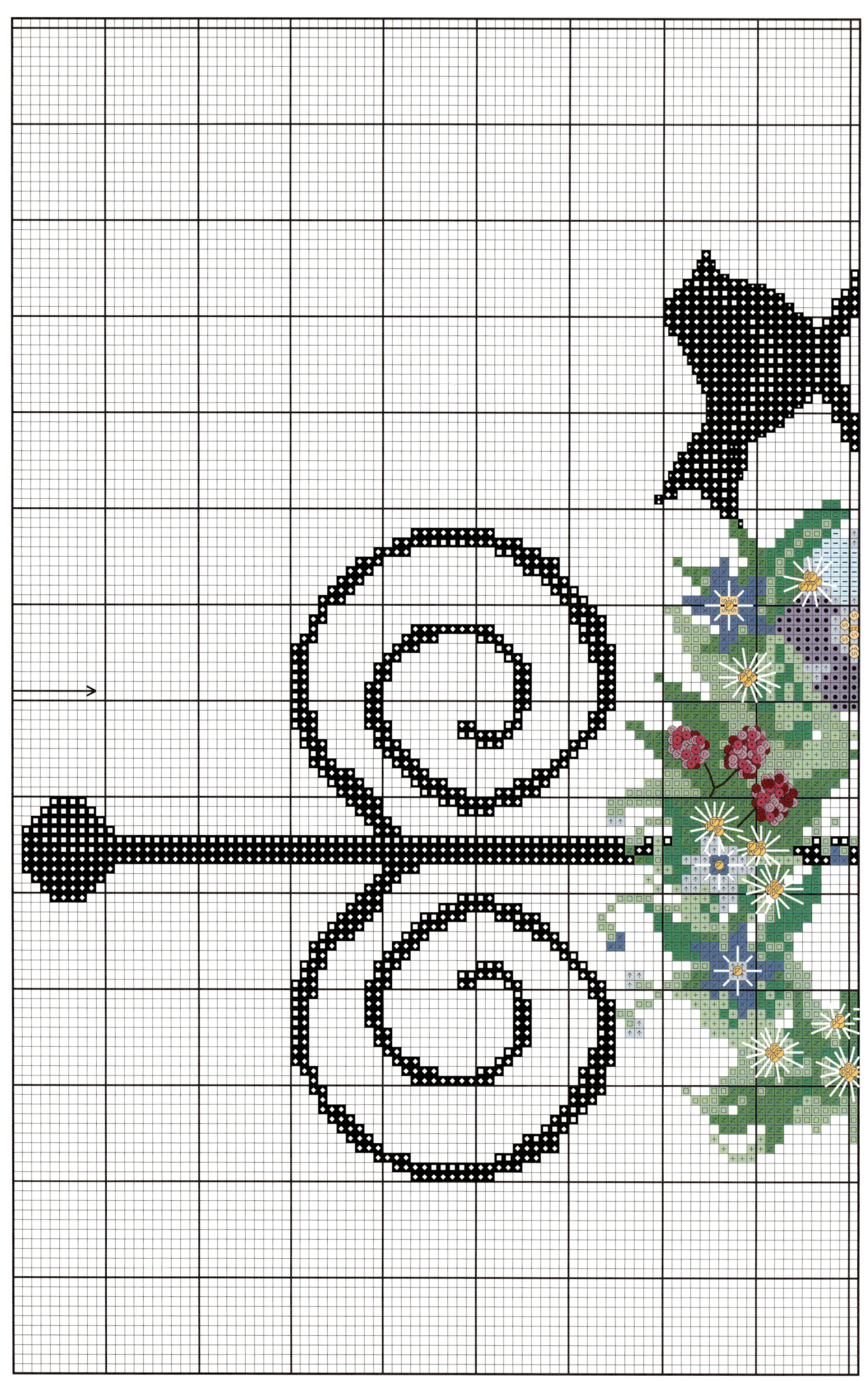

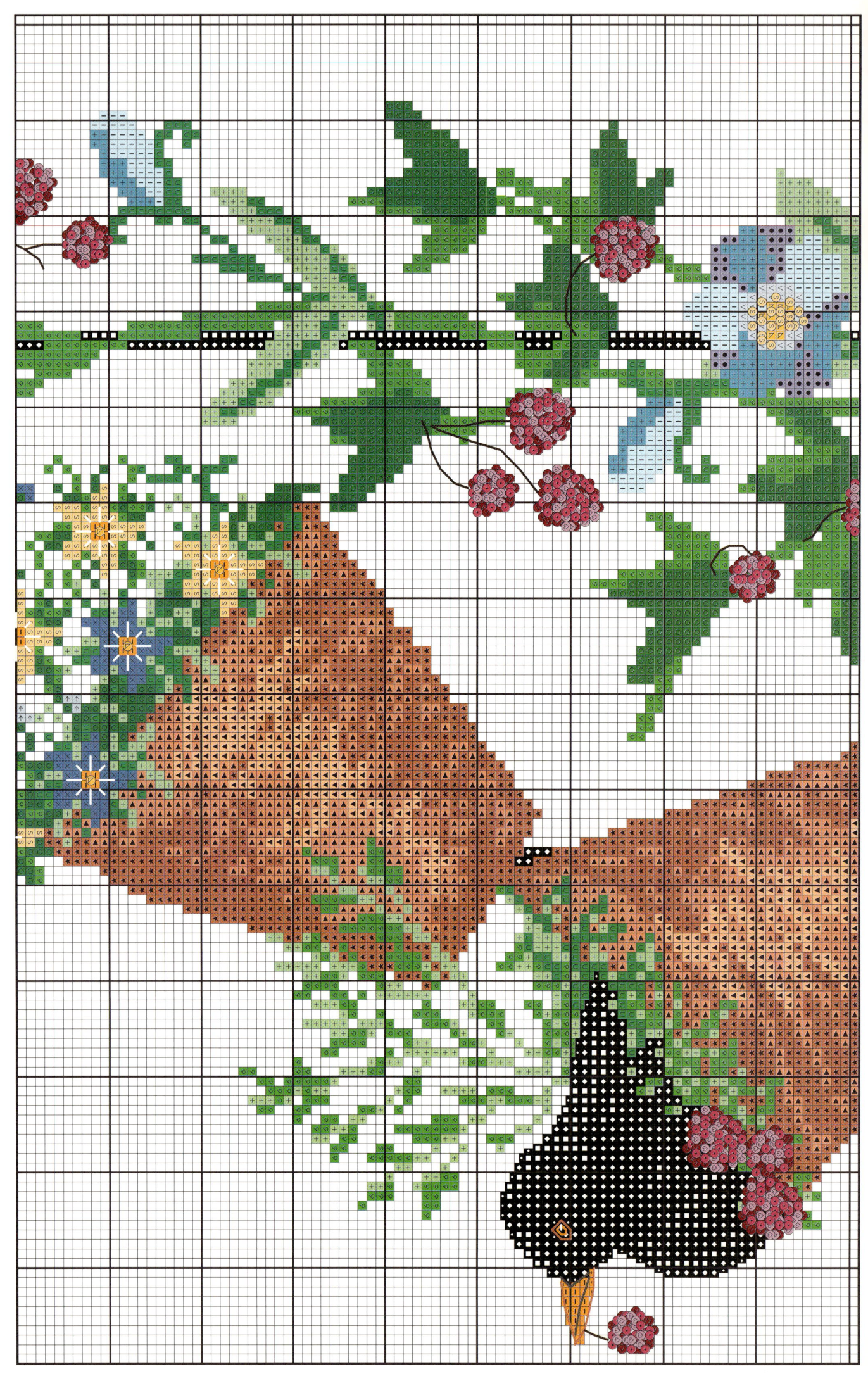

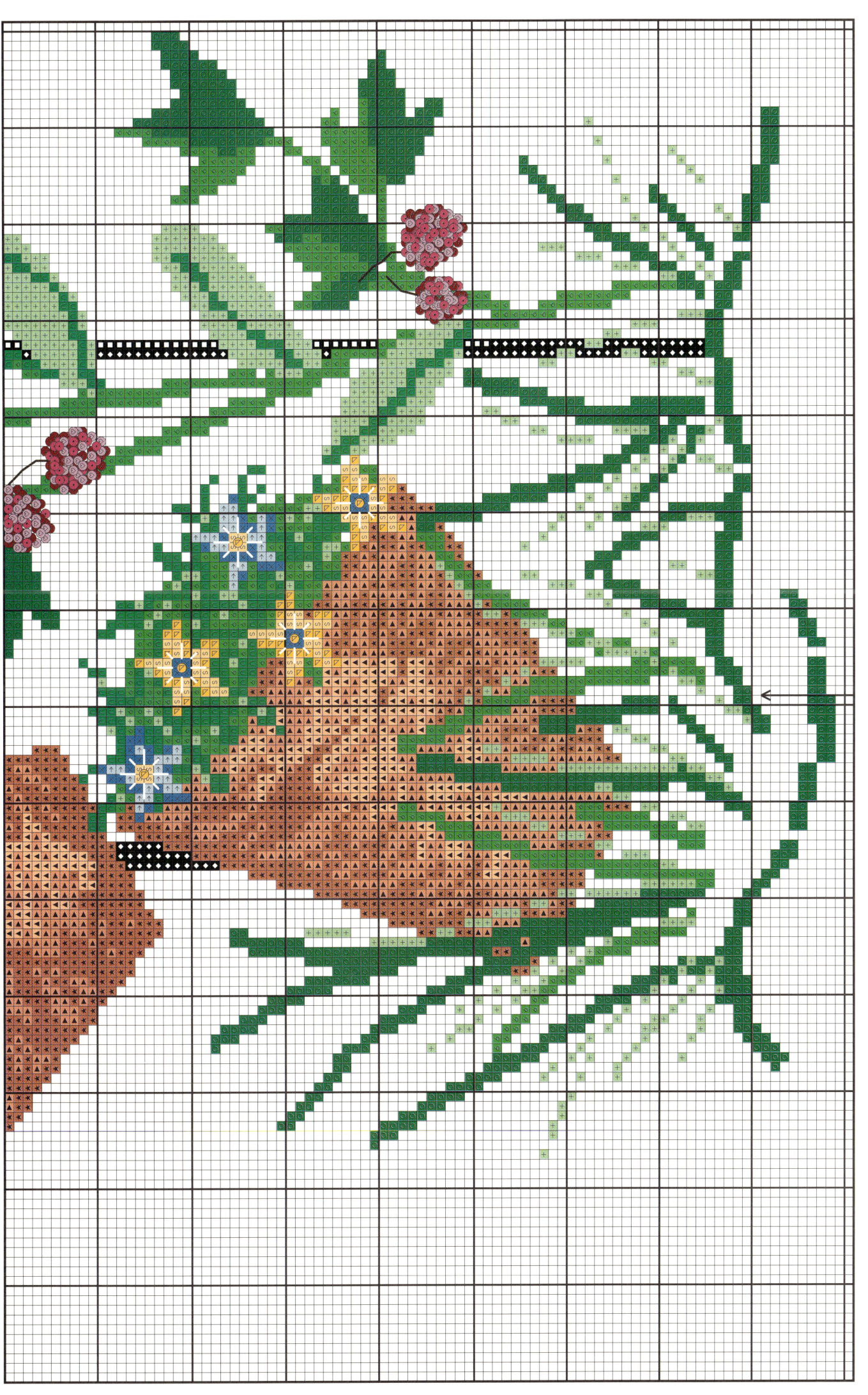

Amselparadies

Gestickt wird mit V+H Blumengarn / Anchor Sticktwist
Stitched with V + H flowerthread / 6 stranded Anchor cotton
Größe / size ca. 140 x 362 Kreuze / cross stitches

2061/301	3952/242	3951/209	3114/43	3042/403	3216/168
3412/351	2x 3963/210	1009/212	2048/1028	3741/401	2063/9159
3961/1013	3001/244	1049/302	1821/97	3957/118	1022/144
3962/868	2x 3964/205	2084/305	3006/ 2	3967/1033	1485/142

Die Knötchen in den Brombeeren werden im Wechsel in den Tönen 3114, 1821 und 2048 gestickt.
Die Brombeerstiele werden in 3412 im Steppstich gestickt.
Knots in the blackberries mixed of 3114, 1821 and 2048. The stems of the blackberries: backstitches in 3412.

 Das Gänseblümchen schön dicht in 3006 steppen.
Use very dense backstitches for the daisies.

Amselparadies

Material Bild:
Größe der Stickerei: ca. 24 x 63 cm
Gerahmte Größe: ca. 37 x 75 cm
- 0,50 x 0,90 m 11,7-fädiges, gebleichtes Leinen von Weddigen,
Best.-Nr. 113 W
Rahmen, Best.-Nr. 9202-3

Materials picture:
Size of the embroidery: appr. 24 x 63 cm
Size with frame: appr. 37 x 75 cm
- 0,50 x 0,90 m 11,7 count bleached linen from Weddigen, order-no 113 W
Frame order-no 9202-3

Blüten-Reigen

Läufer

35

Elisa zeigt mir, welche Stickereien sie in den Wintermonaten gefertigt hat. Ich bin begeistert von den Tischbändern, Kissen und Bildern, die sie in leuchtenden und zarten Sommerfarben gestickt hat.

Den Tisch hat sie schon gedeckt und mit einem Läufer dekoriert. Wie in einem sanften Sommerwind wehen Bänder und Blüten an Kränzen. Die Krönung sind für mich die Blätterteigherzen mit ihrer köstlichen Füllung.

Elisas Sommerherzen

200 g Blätterteig aus der Kühltruhe
1 Essl. Zucker
1 ½ Essl. Puderzucker
200 g Frischkäse
2 Becher Sahne à 200 g
½ Päckchen Sahnesteif
Cointreau
300 g Brombeeren

Teig:
Blätterteigplatten auftauen, übereinander legen und auf einer mit Zucker bestreuten Arbeitsfläche von beiden Seiten ca. 20 x 20 cm groß ausrollen. Ein Herz von ca. 15 cm Länge ausschneiden. Aus dem Rest kleine Herzen ausstechen.
Bei 200 Grad (Umluft 180 Grad) die Herzen auf mittlerer Schiene auf einem mit Wasser abgespülten Backblech 12-14 Minuten backen. Nach dem Abkühlen wird das große Herz quer halbiert.

Füllung:
Frischkäse mit etwas Sahne cremig rühren. Sahne, Puderzucker und Sahnesteif schnittfest schlagen. Sahne unter den Frischkäse heben und mit Cointreau abschmecken.

Brombeeren mit Cointreau beträufeln und auf dem Unterteil des Herzens verteilen. Die Creme großzügig darüber geben. Oberteil aufsetzen. Kleine Herzen und Brombeeren mit auf dem Teller dekorieren und alles mit Puderzucker bestäuben.

Blüten-Reigen

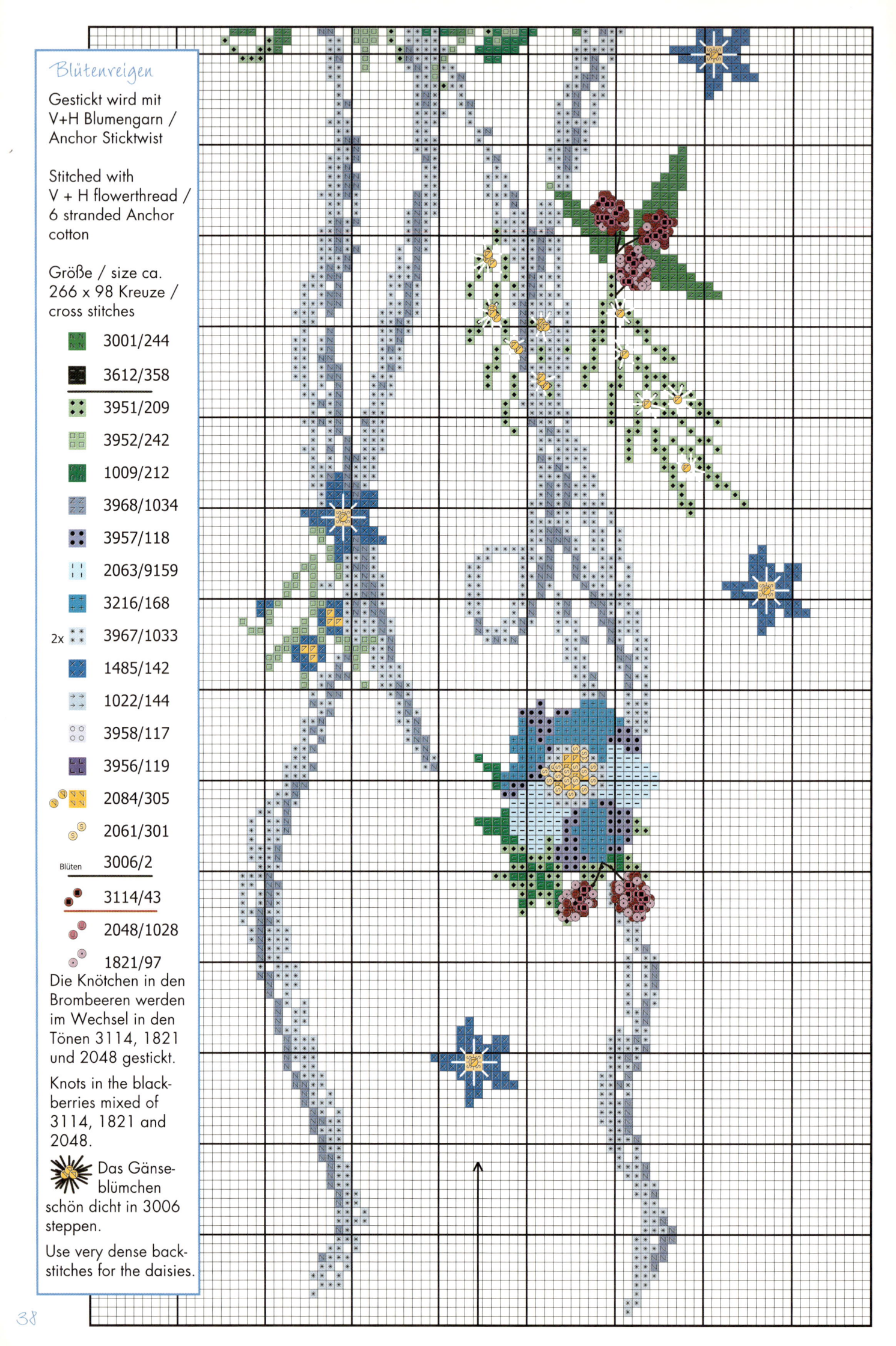

Blütenreigen

Gestickt wird mit
V+H Blumengarn /
Anchor Sticktwist

Stitched with
V + H flowerthread /
6 stranded Anchor
cotton

Größe / size ca.
266 x 98 Kreuze /
cross stitches

Symbol	Code
N	3001/244
■	3612/358
❖	3951/209
▦	3952/242
∩	1009/212
Z	3968/1034
•	3957/118
I	2063/9159
⊠	3216/168
2x ∗	3967/1033
⊠	1485/142
→	1022/144
∘∘	3958/117
L	3956/119
4	2084/305
S	2061/301
Blüten	3006/2
●	3114/43
●	2048/1028
●	1821/97

Die Knötchen in den
Brombeeren werden
im Wechsel in den
Tönen 3114, 1821
und 2048 gestickt.

Knots in the black-
berries mixed of
3114, 1821 and
2048.

☀ Das Gänse-
blümchen
schön dicht in 3006
steppen.

Use very dense back-
stitches for the daisies.

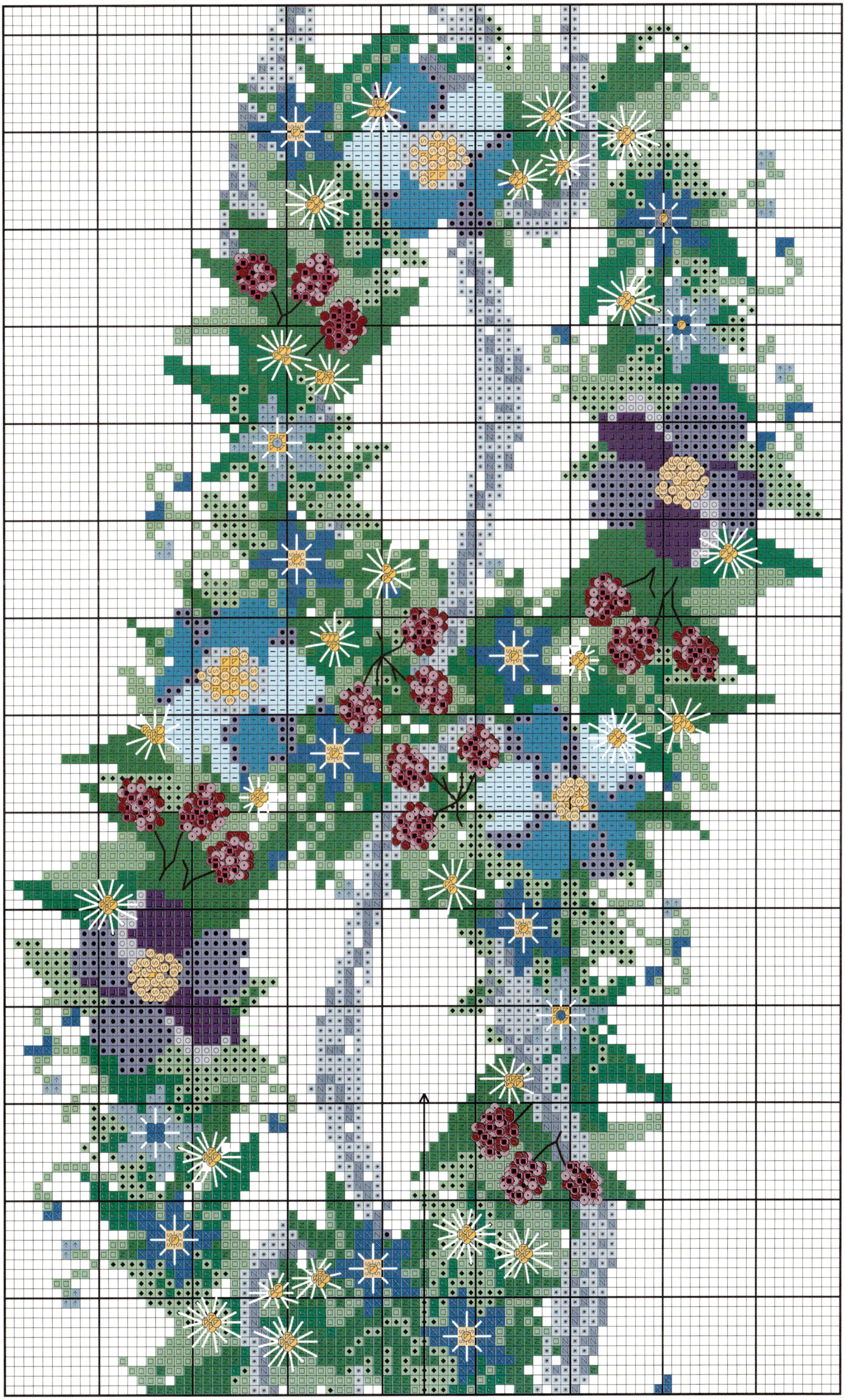

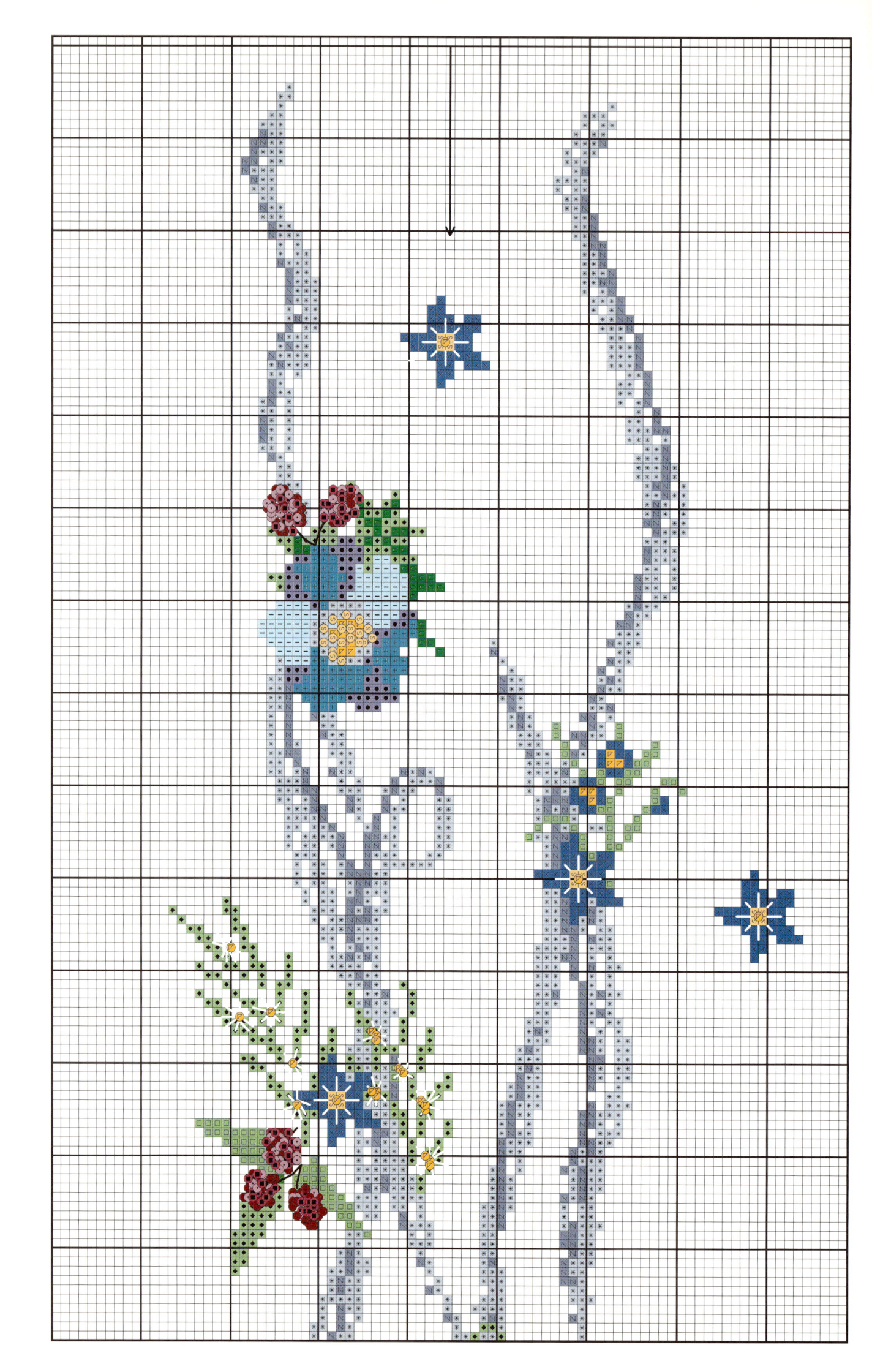

40

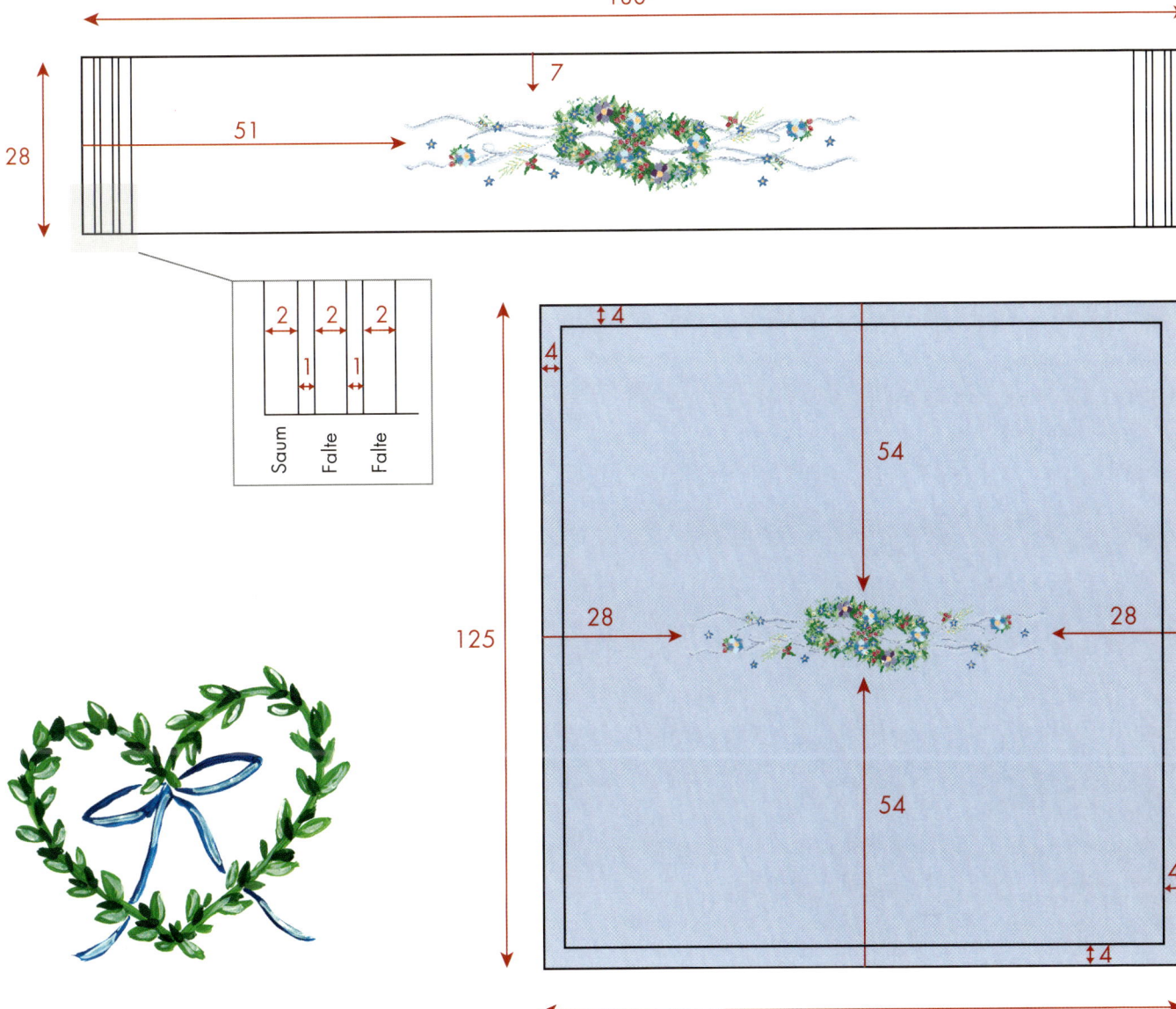

Blüten-Reigen

Material Läufer:
Größe der Stickerei: ca. 79 x 14,5 cm
Fertigmaß: ca. 28 x 180 cm
- 2,10 m Leinenband gebleicht, 28 cm breit von Vaupel + Heilenbeck, Best.-Nr. 900/280

Unterdecke:
Fertigmaß: ca. 130 x 230 cm
- 2,40 m 11,7-fädiges, hellgrünes Leinen von Weddigen, Best.-Nr. 113 G

Material Decke:
Größe der Stickerei je Rapport: ca. 71 x 13,5 cm
Fertigmaß: ca. 125 x 125 cm
- 1,40 m 11,7-fädiges, blaues Leinen von Weddigen, Best.-Nr. 113 B

Material Unterdecke:
Fertigmaß: ca. 180 x 180 cm
- 3,30 m Kelsch - Halbleinen, blau kariert, Best.-Nr. 329-112
Die Decke wird laut Skizze zugeschnitten.

Materials table rug:
Size of the embroidery: appr. 79 x 14,5 cm
Size of the finished band: appr. 28 x 180 cm
- 2,10 m linen band, bleached, 28 cm broad, order-no 900/280

Tablecloth for underneath:
Size: 130 x 230 cm
- 2,40 m 11,7 count linen, light-green from Weddigen, oder no. 113 G

Materials tablecloth:
Size of the embroidery per rapport: appr. 71 x 13,5 cm
Size of the finished tablecloth: 125 x 125 cm
- 1,40 m 11,7 count linen, blue from Weddigen, oder-no 113 B

Tablecloth for underneath:
Size of the finished tablecloth: 180 x 180 cm
- 3,30 m blue chequered Kelsch Half-Linen, order-no 329-112

Blüten-Reigen

Blüten-Reigen

Deckchen

Ein Sommer bei Elisa

Am Abend gehen wir noch einmal durch den Garten. Es ist so ruhig und still. Hin und wieder hört man noch einen Vogellaut. Elisa erzählt mir, dass sie in Momenten wie diesen in der Stimmung ist, ihre Gedanken aufzuschreiben, ihre Sehnsüchte und Träume dem Papier anzuvertrauen oder auch einem guten Freund einen Gruß zu senden. An einem ihrer Gedanken lässt sie mich an diesem Abend teilhaben:

Mein Herzenswunsch

Er zwickt und zwackt
Er regt sich und bewegt sich
Er treibt voran und hält zurück
Er lässt klar sehen und geschehen
Er gibt mir Hoffnung und Mut
Er ist mein höchst geheimes Gut
Nur manchmal
Ganz leise
Spitze ich die Lippen und spreche ihn aus
Lausche seiner sanft-tollkühnen Melodie
Schließe die Augen
Und lege ihn zurück
In mein Herz

Zurück im Haus,

zeigt sie mir Passepartout-Karten, die sie mit kleinen Stickereien versehen hat. Ich bin wirklich begeistert. Jetzt hat sie etwas Besonderes für die Menschen, die ihr viel bedeuten. Ob eine dieser Karten für mich bestimmt ist, denke ich bei mir …

Passepartoutkarten

Herzenswünsche
Herzenswünsche für Dich
Herzenswünsche für Dich
Herzenswünsche für Dich
Herzenswünsche

Grüße von Herzen
Grüße von Herzen
Grüße von Herzen
Grüße von Herzen
Herzen

45

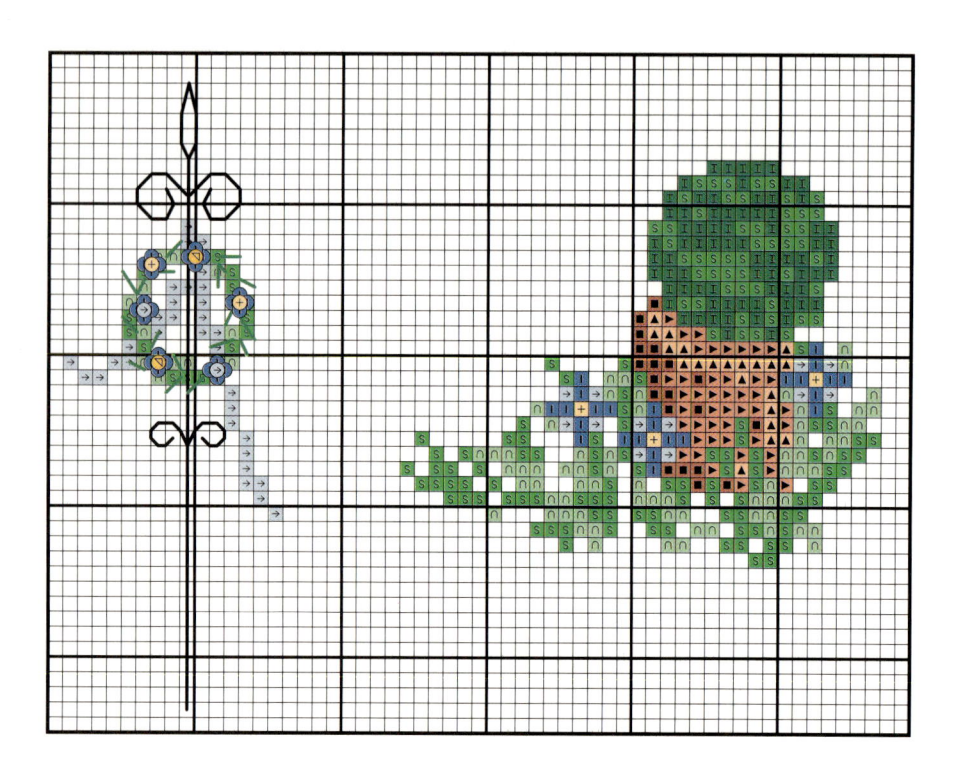

Kartenmotive

Gestickt wird mit V+H Blumengarn / Anchor Sticktwist
Stitched with V + H flowerthread / 6 stranded Anchor cotton

1022/144	1485/142	3412/351
3964/205	2061/301	3961/1013
3952/242	2084/305	3962/868
1009/212	3042/403	

Passepartoutkarten

Die weiteren Motive für die Passepartout-Karten sind aus den verschiedenen Mustern entnommen.

Material:
- ca. 0,12 x 0,12 m 11,7-fädiges, gebleichtes Leinen von Weddigen, Best.-Nr. 113 W
Karte "Herzenswünsche", grün, Best.-Nr. 6631
Karte "Grüße von Herzen", blau, Best.-Nr. 6630

The other motives for our cards are taken from the book.

Materials:
- appr. 0,12 x 0,12 m 11,7 count bleached linen from Weddigen, order-no 113 W
Card "Herzenswünsche", green, order-no 6631
Card "Grüße von Herzen", blue, order-no 6630

Zarte Bande

171 x 171

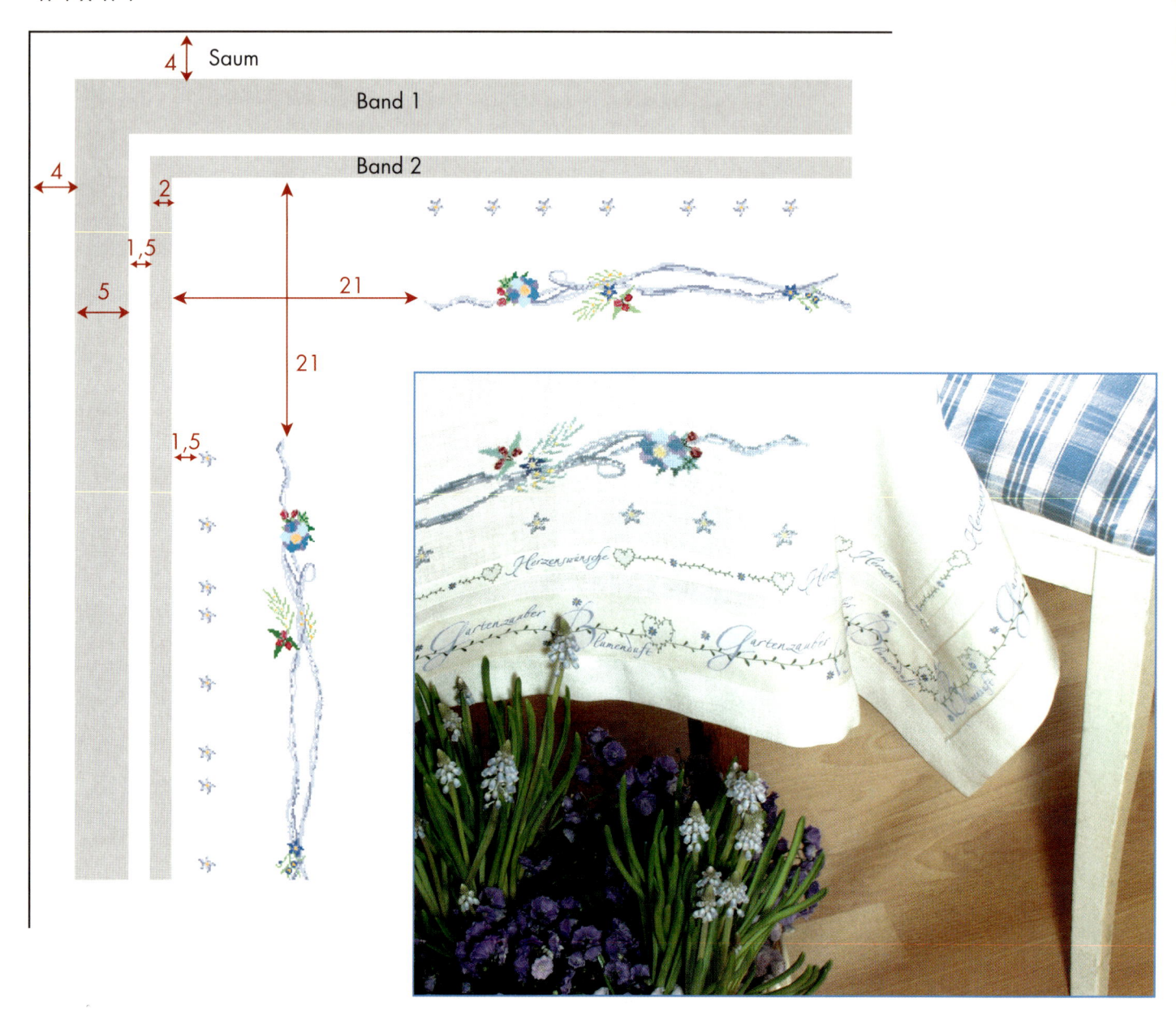

4 Saum
Band 1
Band 2
4
2
1,5
5
21
21
1,5

Zarte Bande

Material Decke:

Länge des Rapportes: ca. 103 cm
Fertigmaß: ca. 171 x 171 cm
- 1,80 x 1,80 m 11-fädiges, gebleichtes Leinen von Vaupel + Heilenbeck, Best.-Nr. 20100
- ca. 6,80 m Band "Blumenduft + Gartenzauber", 5 cm breit, Best.-Nr. 35010
- ca. 6,20 m Band "Herzenswünsche", 2 cm breit, Best.-Nr. 35000

Materials tablecloth:

Size of the rapport: appr. 103 cm
Size of the finished cloth : appr. 171 x 171 cm
- 1,80 x 1,80 m 11 count bleached linen from Vaupel + Heilenbeck, order-no 20100
- appr. 6,80 m band "Blumenduft + Gartenzauber", 5 cm broad, order-no 35010
- appr. 6,20 m band "Herzenswünsche", 2 cm broad, order-no 35000

4-9

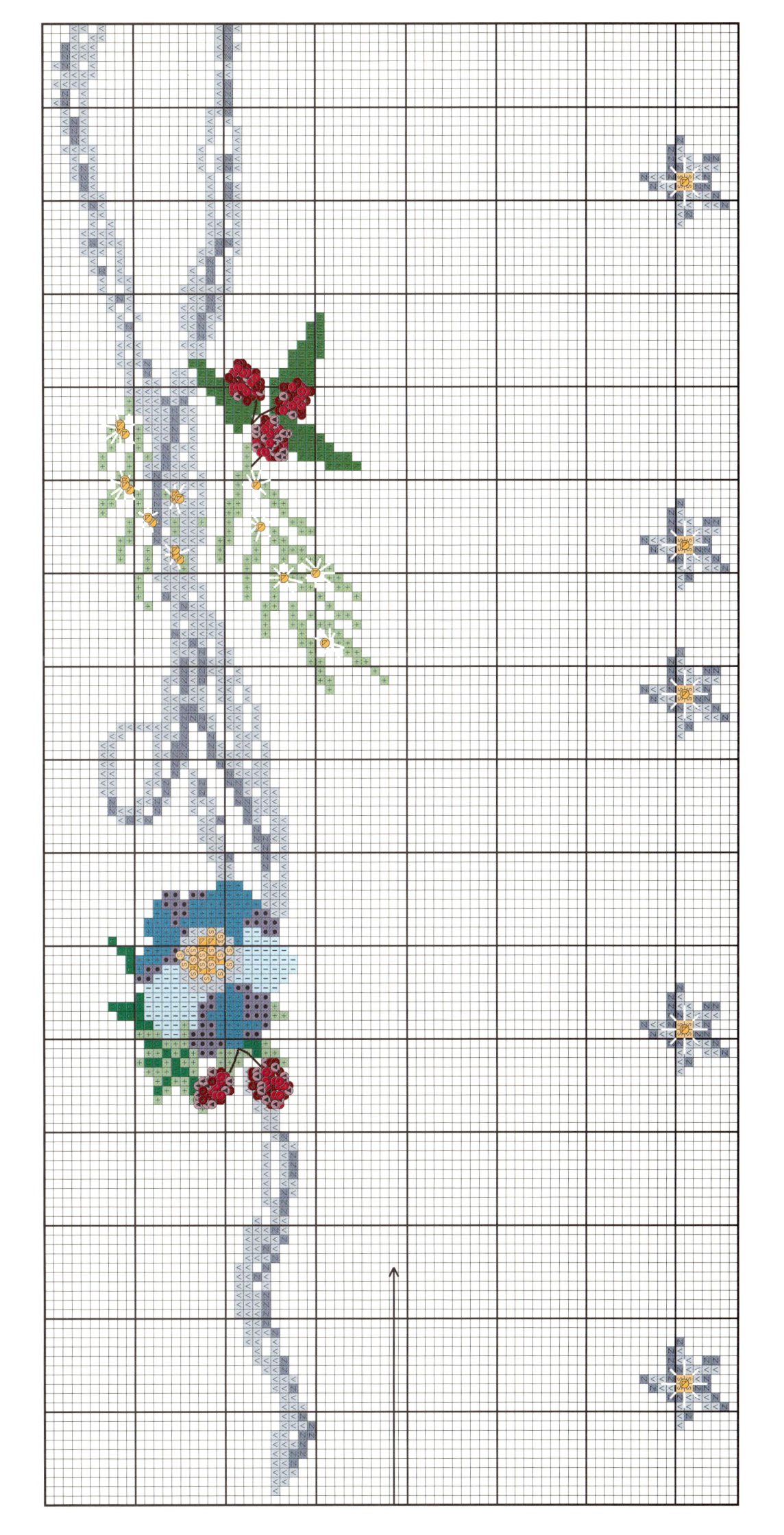

Zarte Bande

Gestickt wird mit
V+H Blumengarn /
Anchor Sticktwist

Stitched with
V + H flowerthread /
6 stranded Anchor
cotton

Größe / size ca.
636 x 77 Kreuze /
cross stitches

■	3001/244
+	3951/209
∪	1009/212
.	3952/242
●	3957/118
+	3216/168
!	2063/9159
■	3956/119
ㄣ	2084/305
S	2061/301
Z	3968/1034
^	3967/1033
○	3958/117
■	1485/142
●	2048/1028
▲	1821/97
●	3114/43
	3612/358
3	3006/2

Die Knötchen in den
Brombeeren werden im
Wechsel in den Tönen
3114, 1821 und 2048
gestickt.

Knots in the black-
berries mixed of 3114,
1821 and 2048.

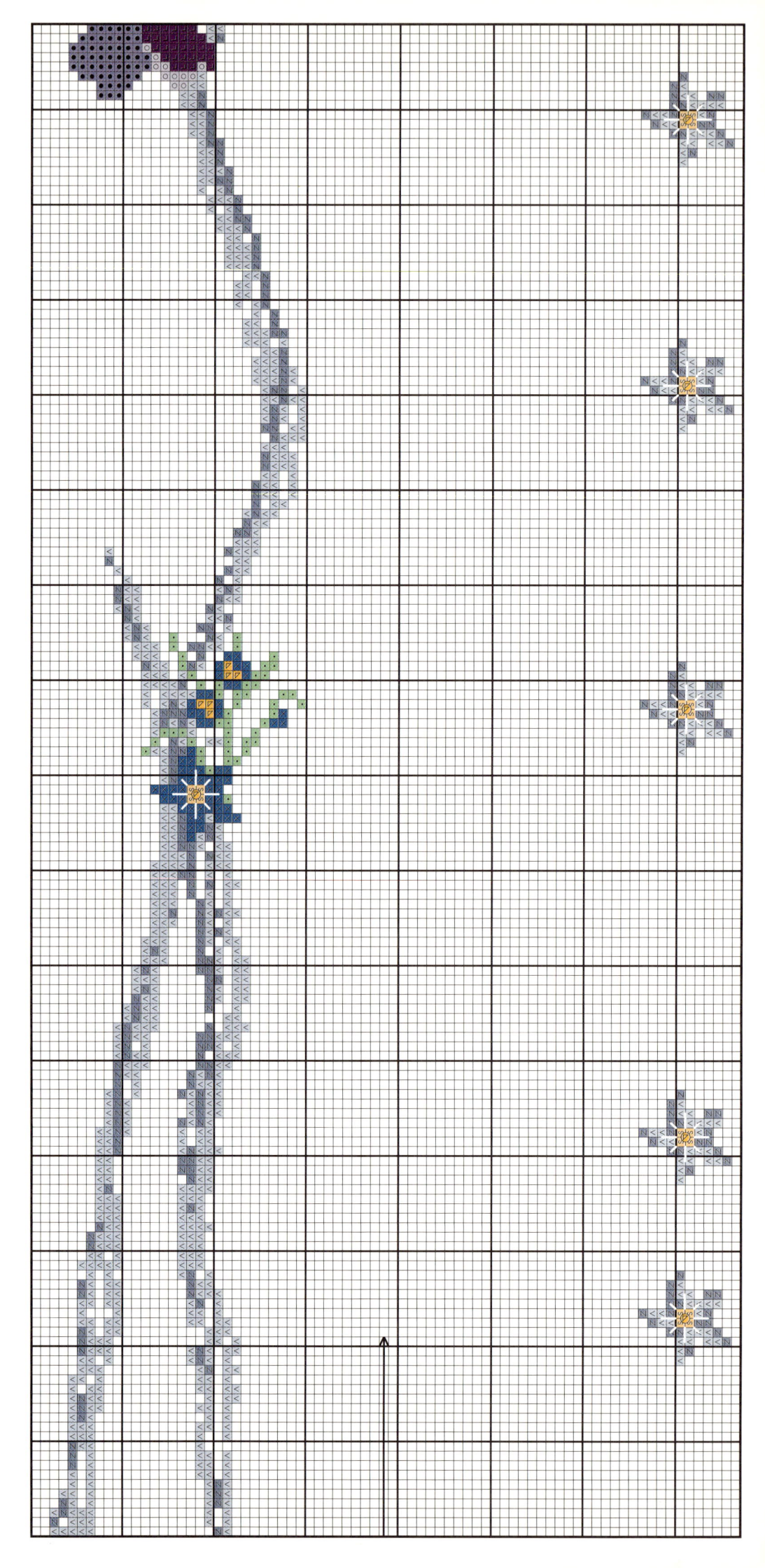

51

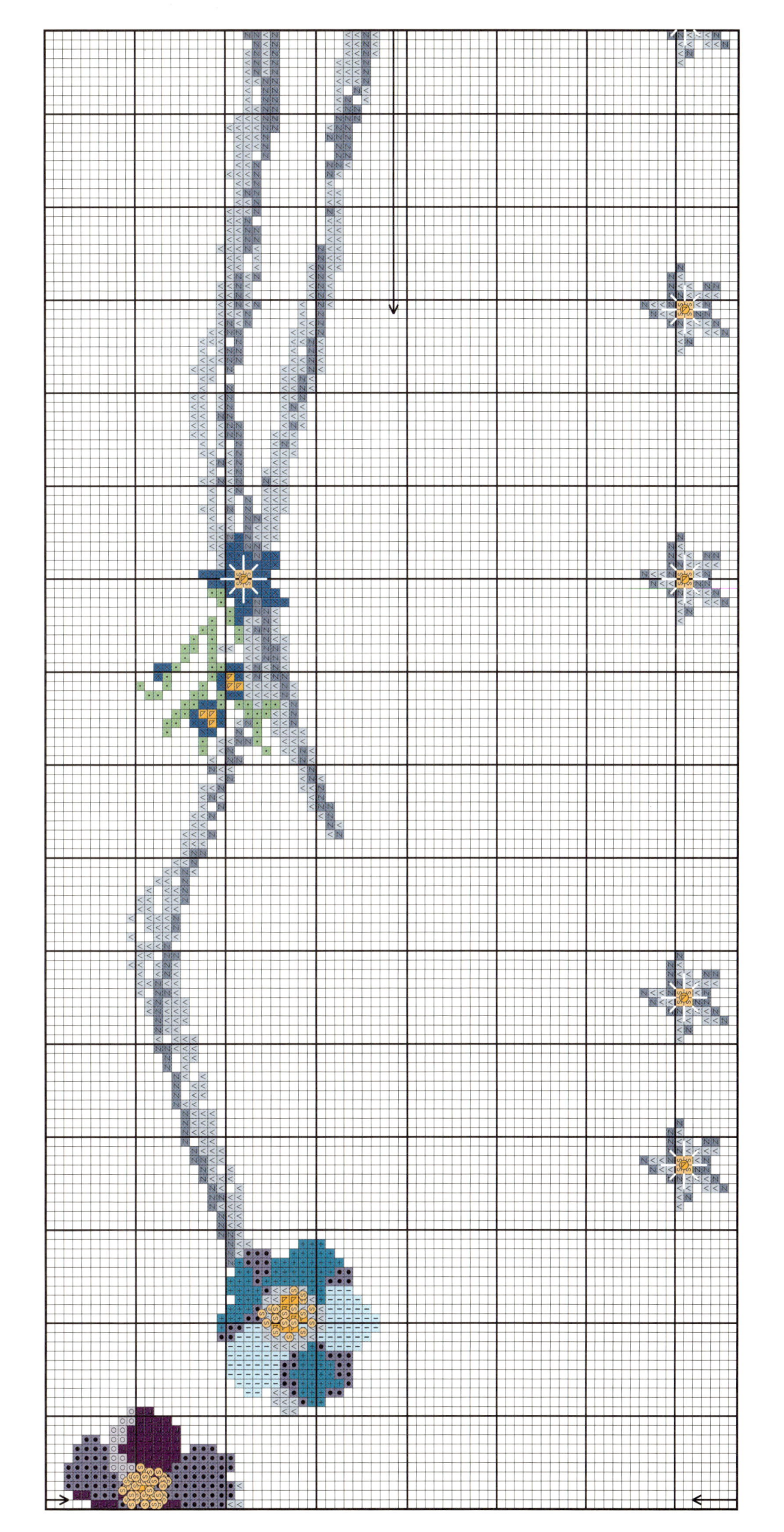

52

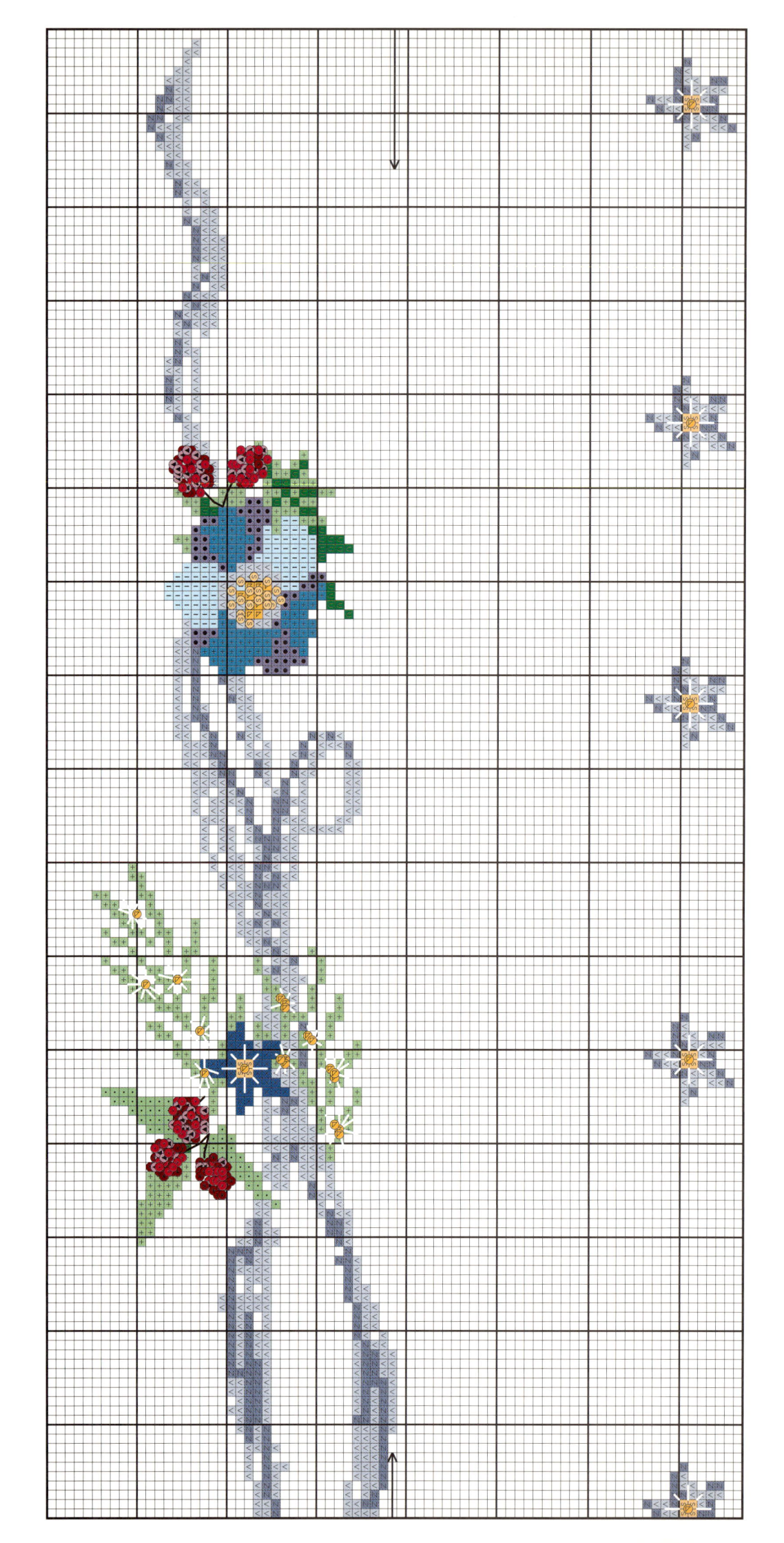

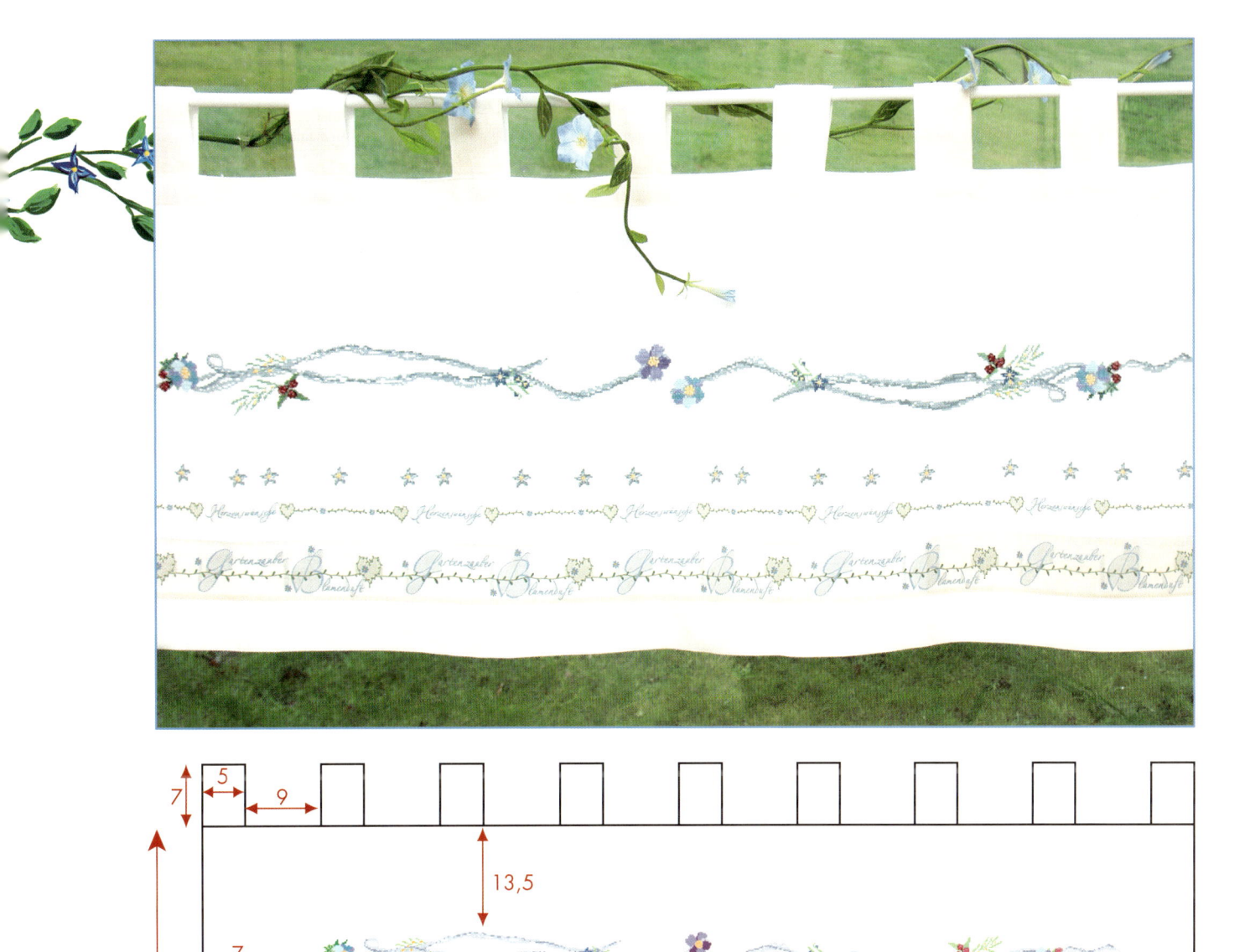

Zarte Bande

Material Scheibengardine:
Länge des Rapportes: ca. 103 cm
Fertigmaß: ca. 117 x 47 cm
- 0,70 x 1,50 m 12-fädiges, gebleichtes Leinen von Weddigen, Best.-Nr. 1626 W
- ca. 1,20 m Band "Blumenduft + Gartenzauber", 5 cm breit, Best.-Nr. 35010
- ca. 1,20 m Band "Herzenswünsche", 2 cm breit, Best.-Nr. 35000
Bitte beachten Sie den Leinenzuschnitt vor Stickbeginn.

Materials curtain:
Size of the rapport: appr. 103 cm
Size of the finished curtain: appr. 117 x 47 cm
- 0,70 x 1,50 m 12 count bleached linen from Weddigen, order-no 1626 W
- appr. 1,20 m band "Blumenduft + Gartenzauber", 5 cm broad, order-no 35010
- appr. 1,20 m band "Herzenswünsche", 2 cm broad, order-no 35000
Please mind the linen cut before starting the work.

Ein paar allgemeine Tipps zum Sticken:

Überwiegend wird im Kreuzstich gearbeitet; Sie sticken zunächst diagonal über 2 Fäden nach rechts und 2 Fäden nach oben. Das ist der Unterstich des Kreuzstiches. Anschließend wird darüber ein Stich in der anderen Diagonalrichtung ebenfalls über 2 Fäden gestickt. Ein farbiges Quadrat im Muster entspricht also 2 Gewebefäden in der Höhe und 2 in der Breite.

Der Steppstich, mit dem Konturen betont werden, wird ebenfalls über 2 Fäden gestickt und ergibt eine Linie. Die Sticknadel sollte zum Sticken keine Spitze haben, Sie zerstechen sonst zu leicht einen Gewebefaden. Die Nadelstärke beträgt in der Regel 24 oder 26.

Wir sticken mit V+H Baumwollgarn und mit Anchor Sticktwist von Coats MEZ. Die Leinenbänder kommen von der Bandweberei Vaupel & Heilenbeck, die Meterware von der Firma Weddigen. Das Blumengarn wird einfädig verarbeitet. Der 6-fädige Sticktwist wird geteilt und man stickt nur mit 2 Fäden. In der Regel wird auf 11,7-fädigem Leinen gestickt, hierbei ergeben sechs Kreuze ca. einen Zentimeter. Darauf beziehen sich auch die Größenangaben. Alle Maße in den Nähskizzen sind in Zentimeter angegeben.
Kinder sollten für die ersten Stickversuche Aidastoff wählen, weil hier die Gewebestruktur leichter zu erkennen ist.
Um Konturen etwas "runder" zu gestalten, arbeiten wir zum Teil mit Halben, Viertel- oder Dreiviertelstichen.
Eine Bemerkung noch zu den Farben:
Wir verstehen unsere Farbangaben als Vorschlag. Sollten Sie eine Farbumstellung vornehmen, schauen Sie sich vor Beginn der Arbeit alle Farben erst zusammen an.

Some general hints on embroidery:

Most of the stitches are cross stitches. First you do a diagonal stitch over 2 threads of material to the right and 2 threads of material up. That is the first part of the stitch. After that make another diagonal stitch in the other direction right over the first one. Thus every coloured square in the patterns corresponds to one cross stitch covering two threads wide and high.

The backstitch used to outline figures, is worked over two threads as well, resulting in a line. We suggest using needles (size 24 or 26) with blunt points in order not to damage the fabric.

We use V+H cotton-flowerthread or 6 strand Anchor cotton of Coats MEZ. The linen bands are made by Vaupel & Heilenbeck, the linen by Weddigen. Normally we use a single thread of flowerthread and 2 threads of the 6 strand cotton for stitching. When stitching on 11,7 count fabric, six cross stitches will add up to one centimeter. This is to what the sizes refer to. All measures in the plans are in centimetres. Give Aida fabric to children doing their first embroidery work.
It is much easier to count.
Sometimes we use half stitches, 3/4 stitches, 1/4 stitches to make figures smoother.
The colours used by us are intended as suggestions only. Should you wish to use other colours, we recommend that you look at all your shades simultaneously and make your decision before starting the embroidery work.

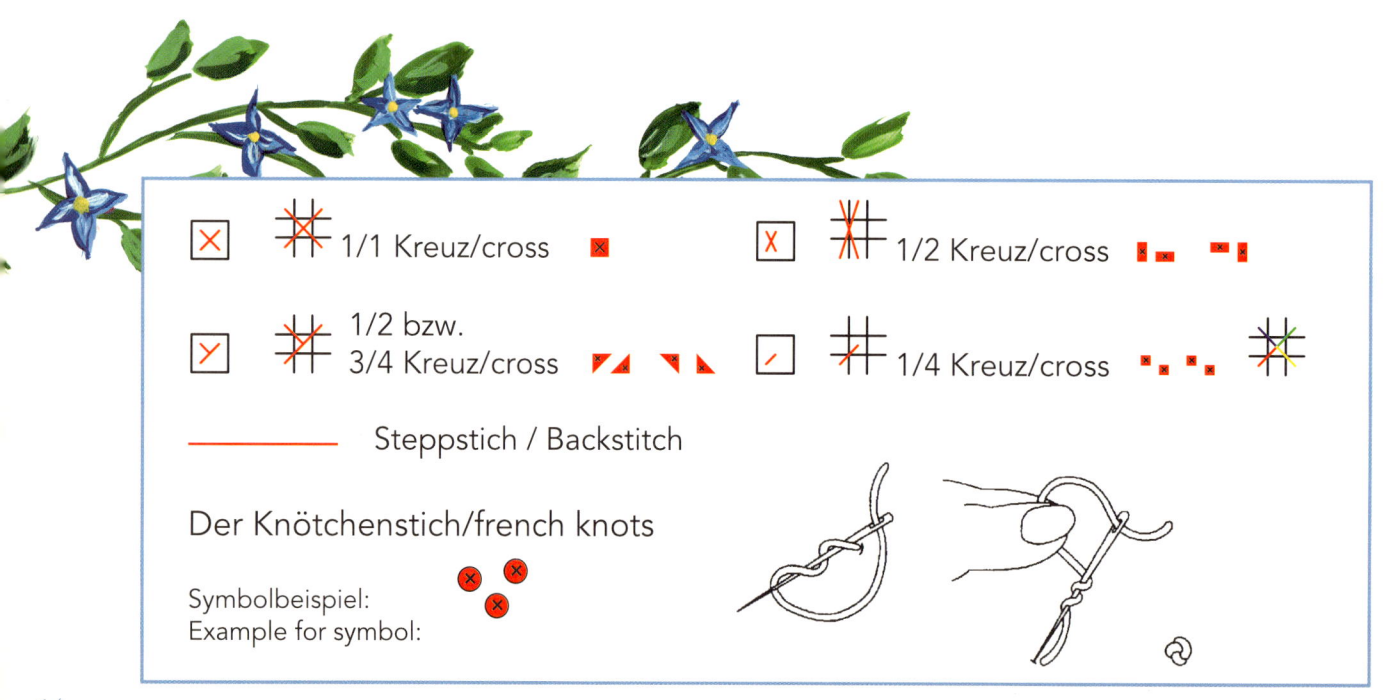

- 1/1 Kreuz/cross
- 1/2 Kreuz/cross
- 1/2 bzw. 3/4 Kreuz/cross
- 1/4 Kreuz/cross
- Steppstich / Backstitch
- Der Knötchenstich/french knots

Symbolbeispiel:
Example for symbol:

Wie so oft, vergehen die Stunden bei Elisa leider viel zu schnell. Manchen Moment möchte ich festhalten.

Erfüllt von all den guten Gesprächen und Gedanken, mache ich mich auf den Heimweg.

Ich bin dankbar für Elisas Zuneigung und für Ihre Herzlichkeit, dankbar, auch für die Schönheit der Schöpfung, die sich in jeder noch so kleinen Blüte entfaltet.

acufactum präsentiert:

Romantische Bänder

"Herzenswünsche"

Herzenswünsche
2 cm breit
Best.-Nr. 35000

"Blumenduft & Gartenzauber"

Blumenduft & Gartenzauber
5cm breit,
Best.-Nr. 35010

acufactum präsentiert:

Passepartout-Karten zum Selbstgestalten

Passepartoutkarte
"Grüße von Herzen"
21,5 x 10,5 cm mit Umschlag
Best.-Nr. 6630

Passepartoutkarte
"Herzenswünsche"
21,5 x 10,5 cm mit Umschlag
Best.-Nr. 6631

Edles Kelsch-Leinen

acufactum ist Exklusiv-Lieferant von Kelsch-Leinen-Stoffen in Deutschland. Edles Material und hochwertige Verarbeitung zeichnen diese auffallend schönen und strapazierfähigen Halb-Leinen- und Reinleinen-Stoffe aus. Diese Stoffe eignen sich hervorragend als Polster- und Bezugsstoff, für Gardinen und Bettbezüge und vielerlei Dekorationen. Zu bestellen über den Fachhandel oder direkt bei uns.

Kelsch Halb-Leinen blau kariert, 50% Leinen, 50% Baumwolle, 150 cm breit
Best.-Nr. 329-112

Unsere GROSSartigen Stickereien!

Blumen für Elisa

Stickpackung Blumen für Elisa
Größe der Stickerei: 56 x 99,5 cm
Best.-Nr. 2677
Diese Stickpackung enthält 8-fädiges Leinen!
gestickt wird mit doppeltem Baumwollfaden.

Elisa

Stickpackung Elisa
Größe der Stickerei: 58 x 93 cm
Best.-Nr. 2674
Diese Stickpackung enthält 8-fädiges Leinen!
gestickt wird mit doppeltem Baumwollfaden.

Vaupel & Heilenbeck

Leinenbänder
exklusiv • kreativ

Original Leinen und Baumwoll-Stickbänder in diversen Breiten und Mustern. Dazu passend Quasten und Kordeln. Unser deutsches Baumwollgarn in mehr als 140 schönen Farben.

Vaupel & Heilenbeck
GmbH & Co KG
Postfach 201913
42219 Wuppertal

Anchor

Anchor Stickgarn
von Coats MEZ.
Sticktwist in höchster Qualität!
Mit unserem Sticktwist
haben Sie die Wahl
zwischen 460 Farbtönen.

Coats GmbH
Kaiserstr. 1
79341 Kenzingen

Weberei Weddigen
BIELEFELDER LEINEN

Qualität ist unsere beste Werbung.
Wir beliefern den qualifizierten Fachhandel mit Handarbeits-Meterwaren für die wichtigsten Sticktechniken. Sie sind auf jeden Fall gut beraten, wenn Sie sich für folgende Artikel entscheiden:

Ajour und Kreuzstich: Siebleinen Art. 105, 120, 140, in creme bzw. weiß, Siebleinen Art. 103, 109 u. 113 in weiß u. farbig
Hardanger und Kreuzstich: Art. 103, 109, 623, 624, 625, 628 (100% Leinen), Art. 172, 173, 174, 908, 909 (Baumw./Modal, merc.)
Weißstickerei: Art. 240 u. 280 (100% Leinen)
Schwälmer Stickerei: Art. 22, 160, 180, 923, 924, 925, 926, 927 (100% Leinen)
Schattenstickerei: Art. 112 u. 121 (100% Leinen)

Mit diesen Artikeln werden alle Fadendichten und -stärken der traditionellen Stickerei abgedeckt. Unsere Zusammenarbeit mit qualitätsorientierten Garnlieferanten und Textilveredlern garantiert ein Produkt, auf dem zu sticken sich immer lohnt!

WEBEREI WEDDIGEN BIELEFELDER LEINEN
Postfach 3042 • 32020 Herford/Westf.

Bequem bestellen per Telefon: 0 23 04/53 49 oder per E-Mail: ute.menze@acufactum.de
Besuchen Sie uns im Internet: www.acufactum.de

Kreuzstichmuster von acufactum: Immer wieder anders!

Willkommen bei Elisa

Bezaubernde Malereien und Texte zum Wohlfühlen sind hier verbunden mit idyllischen Stickereien und einem Hauch von Romantik. Ein Genuss für alle Sinne. Träumen Sie mit uns und lernen Sie Elisa kennen.

Best.-Nr. 4069

Lebensräume

Zeitgemäße Raumdekoration und vielfältiges Design entführen uns in neue Lebensräume. Stilisierte Blüten, Gartenimpressionen, florale und weihnachtliche Stickereien machen dieses Buch zu einem besonderen Anreiz für die Sinne.

Best.-Nr. 4068

Königliche Kreuzstichmuster

Ein königliches Kunterbunt für den Lieblingsort Ihrer Kinder entsteht mit den fröhlichen Kreuzstichstickereien vom "Kleinen König vom kunterbunten Schloss" nach den bekannten Kinderbüchern aus dem Coppenrath Verlag in Münster.

Best.-Nr. 4071

Bequem bestellen per Telefon: 0 23 04/53 49 oder per E-Mail: ute.menze@acufactum.de
Besuchen Sie uns im Internet: www.acufactum.de

Lavendelträume

acufactum ute menze

Lavendelträume
Bettidylle
Größe Stickerei
17,5 x 17,5 cm
Best.-Nr. 2431
Rahmen Best.-Nr. 906-2431

Lavendelträume
Tischidylle
Größe Stickerei
17,5 x 17,5 cm
Best.-Nr. 2432
Rahmen Best.-Nr. 906-2431

Lavendelträume
Stuhlidylle
Größe Stickerei
17,5 x 17,5 cm
Best.-Nr. 2433
Rahmen Art.-Nr. 906-2431

Lavendelträume
Patchworkkissen
Größe Kissen
45 x 45 cm
Best.-Nr. 2437

Lavendelträume
Gardine
Größe Stickerei
109 x 21 cm
Größe Gardine
inkl. Schlaufen
120 x 44 cm
Best.-Nr. 2436

Lavendelträume Lampenschirm
Unterer Durchmesser 24,5 cm, Höhe 12 cm
Best.-Nr. 2441

Lavendelträume
Kranzband
Größe Stickerei
9,5 x 17 cm
Best.-Nr. 2435
Dekoration
Best.-Nr. 12435
(fertig gebunden, Durchmesser ca. 40 cm)

Lavendelträume Tischdecke
Größe Stickerei 80 x 77 cm
Größe Decke 160 x 160 cm
Best.-Nr. 24341

Lavendelträume
Ruhekissen
Größe Stickerei
65 x 20 cm,
Größe Kissen
80 x 40 cm
Best.-Nr. 2434